HYBRID SUPPLEMENT

HYBRID Supplement publicerar forumgranskade rapporter samt tematiska volymer där sakkunniggranskade artiklar kombineras med annat, mer populärt skrivt material och är gratis att ladda ner på http://publicera.kb.se/hyb, samt kan beställas som print-on-demand på http://bod.se/bokshop eller andra nätbokhandlar. Anvisningar för medverkande återfinns på hemsidan.

Ansvarig utgivare: David Davage
Redaktör: David Davage (david.davage@altutbildning.se)
Redaktionssekreterare: Maria Ledstam (maria.ledstam@altutbildning.se)
Recensionsansvarig: Mikael Hallenius (mikael.hallenius@altutbildning.se)

Omslagsdesign: David Davage
Design inlaga: David Davage

Akademi för Ledarskap och Teologi
Åstadalsvägen 2
Box 1623
70116 Örebro

Förlag: BoD · Books on Demand,
Östermalmstorg 1, 114 42 Stockholm, Sverige,
bod@bod.se
Tryck: Libri Plureos GmbH, Friedensallee 273,
22763 Hamburg, Tyskland

http://publicera.kb.se/hyb
hybrid@altutbildning.se

DOI: 10.58412/hyb.v3i2.17650
ISBN (tryckt bok): 978-91-8097-033-4
ISSN 2004-5425
E-ISSN 2004-5417

Örebro 2025

INNEHÅLL

ABSTRACT

Denna explorativa och induktiva studie undersöker hur ledare inom fyra frikyrkliga diakonala organisationer – Erikshjälpen, Hela Människan, Göteborgs Räddningsmission och Hyllie Park Talentbyrå – förstår sin roll som civilsamhällesaktörer i ett föränderligt välfärdslandskap. Genom fokusgruppsintervjuer analyseras ledarnas uppfattningar om samhällsbidrag, identitet, hot mot organisationernas särart samt erfarenheter av religionsmöten. Studien bygger på tematisk analys och belyser spänningen mellan offentlig finansiering och ideologisk integritet, liksom möjligheten till interkulturell gästfrihet i ett mångreligiöst samhälle. Resultaten visar att ledarna värnar om organisationernas kristna värdegrund, samtidigt som de navigerar komplexa krav från både stat och marknad. Studien bidrar till kunskap om idéburen välfärd och lägger grund för vidare forskning om religiöst motiverat socialt arbete i Sverige.

PROJEKTET

Rapporten är en del av projektet ”Omförhandling pågår: En kvalitativ studie av fyra diakonala organisationers självförståelse som civilsamhällesaktörer”, som leds av Roland Spjuth och är finansierat med bidrag från Bernt Gustafssons minnesfond.

INLEDNING

RESULTAT

DISKUSSION

SLUTSATSER

BILAGA 1

TACK

Jag vill framföra ett varmt tack till organisationerna Erikshjälpen, Hela Människan, Göteborgs Räddningsmission och Hyllie Park Talentbyrån för deras generösa medverkan i den studie som ligger till grund för denna rapport. Ett särskilt tack riktas till de kontaktpersoner som samordnade intervjutillfällena, samt till de ledare som deltog i fokusgruppsintervjuerna – tack för ert engagemang och de insiktsfulla samtalen. Ett tack också till forumgranskarna Björn Cedersjö, Duncan Levinsohn, Rolf Lidskog och Paulina Lindgren för värdefulla kommentarer.

Örebro den 9 maj 2025,
Maria Ledstam

INLEDNING

BAKGRUND

Forskningen om svensk väckelsehistoria har visat hur frikyrkorörelserna påverkade framväxten av det moderna Sverige, inte minst vad gäller demokratisk fostran och folkbildning.[1] Det som varit mindre framträdande i forskningen är betydelsen av väckelserörelsernas aktivism som inte minst tog sig uttryck i ett starkt socialt engagemang för utsatta människor. Tidigt kanaliserades detta engagemang genom bildandet av olika föreningar för att ge stöd till missbrukare, lågutbildade, barn och fattiga, något som bidrog till att forma ett solidariskt samhällsklimat.[2]

Efter andra världskriget fick frikyrkligt socialt arbete en rejäl nedgång, framför allt eftersom staten utvecklade generella välfärdssystem. Frikyrkans samhällsengagemang reducerades därmed ofta till opinionsbildning och försvar av kristna värden gentemot politiska beslutsfattare.[3]

---

[1] Se till exempel Sven Lundkvist, *Folkrörelserna i det svenska samhället 1850–1920* (Uppsala: Universitetsförlaget, 1977); Gunnar Hallingberg, *Läsarna: 1800-talets folkväckelse och det moderna genombrottet* (Stockholm: Atlantis, 2010); Åsa Bengtsson, *Nyktra kvinnor: Folkbildare, företagare och politiska aktörer: Vita Bandet 1900–1930* (Göteborg: Makadam, 2011); Mats Larsson, *Vi kristna unga qvinnor: Askers Jungfruförening 1865–1903 – Identitet och intersektionalitet* (Acta Universitatis Upsaliensis; Uppsala universitet: Avhandling, 2015); Arne Rasmusson, "Kyrkan och kampen för ett bättre samhälle: En alternativ historia" *STK* 96/2 (2020), 173–199.

[2] Roland Spjuth, "Diakonins historia: Från fornkyrka till framtid", i *Diakonins perspektiv*, red. Helene Wallskär (Stockholm: Verbum, 1999), 32–46; Ulrik Josefsson, *Liv och över nog: Den tidiga pingströrelsens spiritualitet* (Bibliotheca Theologiae Practicae 77; Skellefteå: Artos & Norma, 2005).

[3] Spjuth, "Diakonins historia". Framväxten av generella välfärdssystem påverkade självfallet även svenska kyrkans diakoni. Se till exempel Stig Linde, "Från välfärdsstat till välfärdsmix, från statskyrka till civilsamhällesaktör", i *Dia-koni – reflektion och praktik*, red. Elisabeth Christiansson Drake, Mats J. Hansson och Stig Linde (Stockholm: Verbum, 2022).

Under det senaste årtiondet har idéburna organisationer fått ökade möjligheter att verka som utförare inom det offentligt finansierade välfärdssystemet – en utveckling som har uppmuntrats av staten.[4] Flera aktörer med rötter i 1800-talets frikyrkorörelser har tagit en aktiv del i de nya möjligheter som givits och bedriver idag med stöd av offentlig finansiering omfattande verksamheter. Mycket av dagens frikyrkliga sociala engagemang kanaliseras därmed genom sådana verksamheter inom bland annat förskola, skola, second hand-verksamhet med arbetsträning, öppna sociala verksamheter, härbärgen och boenden. Denna utveckling har medfört att frikyrkliga diakonala organisationer, som tidigare främst bedrivit egenfinansierade diakonala initiativ i nära anslutning till lokala församlingar, i allt större utsträckning omvandlas till statligt finansierade välfärdsproducenter.

Trots ett ökat intresse för idéburen välfärd och den förändrade roll som idéburna organisationer fått som offentligt finansierade välfärdsaktörer, saknas fortfarande kunskap om hur denna utveckling upplevs och förstås av dem som verkar inom sektorn. Tidigare forskning har i hög grad fokuserat på politiska förutsättningar, organisationsformer och strukturella aspekter, medan individnivån är relativt outforskad.[5]

Mot denna bakgrund finns ett tydligt forskningsbehov: att undersöka hur ledare inom frikyrkliga diakonala organisationer förstår sitt uppdrag och sitt samhällsbidrag och de spänningar som eventuellt uppstår i mötet med krav från det offentliga.[6]

---

[4] Samuel Engblom, *Idéburen välfärd: Betänkande av Utredningen om Idéburna aktörer i välfärden* (SOU 2019:56). Online: https://www.regeringen.se/rattsliga-dokument/statens-offentliga-utredningar/2019/12/sou-201956/.

[5] Ebba Henrekson och Truls Neubeck, ”Idéburen välfärd i Sverige – en systematisk litteraturstudie”, *Socialvetenskaplig tidskrift* 29/1 (2022), 1–25.

[6] Forskare som till exempel Luke Bretherton, ”A Postsecular Politics? Inter-faith Relations as a Civic Practice”, *Journal of the American Academy of Religion* 79/2 (2011), 199–215; idem *Resurrecting Democracy: Faith, Citizenship, and the Politics of Common Life* (New York: Cambridge University Press, 2015); idem, *Christ and the Common Life: Political Theology and the Case for Democracy* (New York: Cambridge University Press, 2019); Stig Linde, ”Från välfärdsstat till välfärdsmix, från statskyrka till civilsamhällesaktör”, i *Diakoni – reflektion och praktik*, red. Elisabeth Christiansson Drake, Mats J. Hansson och Stig Linde (Stockholm: Verbum, 2022), 95–118; Paul

Behovet av fördjupad kunskap bottnar inte enbart i den förändrade välfärdsrollen, utan också i hur frikyrkligt engagemang formas i ett alltmer mångkulturellt samhälle. Frikyrkan växte fram i ett svenskt enhetssamhälle med många gemensamma övertygelser om vad som utmärkte ett gott samhälle.[7] Ett alltmer pluralistiskt samhälle innebär olika uppfattningar om vad som är ett gott samhälle och att intressekonflikter kan uppstå mellan olika grupper och mellan dem och myndigheter. Det finns behov att undersöka om frikyrkligt samhällsengagemang ger rum för mångkultur med reella olikheter men som ändå bidrar till ett gemensamt och blomstrande civilsamhälle.[8] Det finns en oro att civilsamhällets aktörer alltmer blir intresseorganisationer för de egna medlemmarna och därigenom försvagas som folkrörelser vilka ger röst åt marginaliserade grupper. Här finns tendenser att såväl romantisera religiösa aktörers roll som att osynliggöra dem,[9] inte minst i policydokument och beslutsprocesser.[10] Detta aktualiserar behovet av att undersöka hur frikyrkliga diakonala aktörer själva förstår sitt uppdrag i en samhällskontext som präglas av såväl ökad religiös mångfald som förändrade former för välfärdsproduktion.

I den här rapporten riktas strålkastarljuset mot de fyra diakonala organisationerna Erikshjälpen, Hela Människan, Göteborgs Räddningsmission och Hyllie Park Talentbyrån med särskilt fokus på deras

---

Lichterman, *Elusive Togetherness: Church Groups Trying to Bridge America's Divisions* (Princeton: Princeton University Press, 2005); Morten Sager, "Mellan idéburen välfärd och evidens: En breddad syn på kunskap", *Socialmedicinsk tidskrift* 100/6 (2023), 786–799, har pekat på relevanta aspekter i detta sammanhang, vilka diskuteras vidare i avsnittet "Tidigare forskning och teoretiska perspektiv".

[7] Fredrik Wenell, *Omvändelsens skillnad: En diasporateologisk granskning av frikyrklig ungdomskultur i folkkyrka och folkhem* (Uppsala: Acta Universitatis Upsaliensis, 2015).

[8] Se Luke Bretherton, *Christianity and Contemporary Politics* (Oxford: Wiley Blackwell, 2010), idem, *Resurrecting Democracy*; Arne Rasmusson, "The Church as a 'Creative Minority': On Being Church in Today's Europe", i *Religions and Churches in a Common Europe*, red. Janos Wildman (Bremen: Europäischer Hochschuleverlag, 2012), 72–88 och Ola Sigurdson, *Det postsekulära tillståndet: Religion, modernitet, politik* (Göteborg: Glänta Produktion, 2009).

[9] Se Adam Dinham, "Reimaging Religion and Belief in the Public Sphere", *Modern Believing* 61/2 (2020), 141–151, som beskriver diskussionen i England.

[10] Se Niklas Holmefur, *Den osynliga religionen: Analys av policy för svensk utvecklingspolitik 2010–2014* (Studia Missionalia Svecana 117; Uppsala: Uppsala Universitet, 2016); Linnea Lundgren, *A Risk or a Resource? A Study of the Swedish State's Shifting Perception and Handling of Minority Religious Communities between 1952–2019* (Stockholm: Ersta Sköndal Bräcke högskola, 2021).

självbeskrivningar av att vara civilsamhällesaktörer. Rapporten bygger på en kvalitativ undersökning med ledare i de fyra organisationerna. Rapporten är tänkt att fungera som ett förstudium för vidare forskning. Studien har därmed en explorativ ansats då den syftar till att undersöka ett relativt obeforskat område för att skapa en första förståelse, identifiera mönster och generera nya forskningsfrågor.[11]

SYFTE OCH PROBLEMFORMULERING

Syftet med denna studie är att undersöka hur ledare i fyra frikyrkliga diakonala organisationer förstår sin roll som civilsamhällesaktörer. Mot bakgrund av de omfattande samhällsförändringar som redogörs för i studiens bakgrund formuleras följande problemformulering: *Vilka centrala utmaningar och möjligheter behöver uppmärksammas av frikyrkliga idéburna organisationer i deras roll som civilsamhällesaktörer?* Genom kvalitativa fokusgruppsintervjuer belyser studien hur ledarna beskriver sitt samhällsbidrag, hur de upprätthåller sin kristna identitet,[12] vilka hot de uppfattar mot organisationens särart,[13] samt hur de erfar och beskriver religionsmöten inom verksamheten.

Den tematiska analysen av materialet i kapitel tre tar sin utgångspunkt i ledarnas egna berättelser, medan teoretiska perspektiv används i kapitel fyra som tolkningsverktyg. Studien följer därmed en induktiv ansats, där empirin ges företräde och teorin bidrar till att fördjupa förståelsen av materialet. Följande forskningsfrågor vägleder studien:

---

[11] Alan Bryman, *Samhällsvetenskapliga metoder* (Stockholm: Liber, 2018).

[12] För en beskrivning av begreppet *identitet*, se avsnittet ”Tidigare forskning och teoretiska perspektiv”.

[13] Med särart avses i studien det som gör en idéburen organisation *annorlunda* än offentliga eller kommersiella aktörer. Det kan handla om ideologisk grund (till exempel kristen tro), organisering (till exempel volontärer, nätverk, icke-hierarkiska strukturer), metoder (till exempel holistiska eller relationella arbetssätt), se Pernilla Hultén och Filip Wijkström, *Särart och mervärde i den ideella sektorn: En studie av ledares syn på de idéburna organisationernas betydelse* (Stockholm: Socialstyrelsen, 2006).

(1) Hur beskriver ledarna organisationens *bidrag till samhället*?
(2) Hur beskriver ledarna organisationens *identitet*?
(3) Vilka *hot* identifierar ledarna mot organisationens möjlighet att behålla sin särart?
(4) Hur beskriver ledarna *religionsmöten* inom organisationens verksamhet?

METOD

FORSKNINGSDESIGN

Denna studie utgår från en kvalitativ forskningsansats med syftet att förstå hur ledare i frikyrkliga diakonala organisationer beskriver sin roll som civilsamhällesaktörer. Ansatsen i studien är explorativ och induktiv, då ledarnas egna beskrivningar får styra analysen.

Det är viktigt att understryka att studien utgår från ett antal ledares egna berättelser om sina organisationer. Inga anspråk görs därför på att ge en fullständig eller representativ bild av organisationernas samlade perspektiv eller erfarenheter. Det bör också noteras att diskussionerna varierade mellan fokusgrupperna, vilket medförde att vissa teman och frågor gavs mer utrymme i vissa intervjuer än i andra. Resultaten bör därför förstås som fördjupade exempel på några ledares självförståelse, snarare än som heltäckande beskrivningar av de undersökta organisationerna.

URVAL

Urvalet av organisationer och informanter gjordes strategiskt för att säkerställa att relevanta perspektiv samlades in. Fyra frikyrkliga diakonala organisationer valdes ut med avsikten att få variation beträffande historia, storlek och verksamhetsfokus. Dessa organisationer – Erikshjälpen, Göteborgs Räddningsmission, Hela Människan och Hyllie Park Talentbyrå – utgör tillsammans ett brett spektrum av frikyrklig diakoni i dagens Sverige. När begreppet ”frikyrklig organisation” används i rapporten innebär det att samtliga undersökta organisationer har historiska rötter i svensk frikyrklighet. Flera av organisationerna är idag ekumeniska till sin karaktär, men trots detta finns tydliga frikyrkliga relationer och kopplingar kvar i varierande grad.

Inom varje organisation identifierades personer i ledande befattning som ansågs kunna bidra med insikt i studiens frågor. Med hjälp av nyckelpersoner (kontaktpersoner i respektive organisation) rekryterades tre till fem ledare per organisation till att medverka i en fokusgrupp.[14] Urvalet av deltagare präglades av frivillighet och samtycke; de som ställde upp gjorde det efter att ha informerats om studiens syfte och upplägg (se ”Etiska överväganden” nedan).

En potentiell svaghet i studiens design är att urvalet av intervjupersoner skedde genom nyckelpersoner inom varje organisation. Detta medför en risk då nyckelpersonerna kan ha valt ut ledare som delar vissa perspektiv eller som är positivt inställda till organisationens verksamhet. Därigenom kan vissa kritiska röster eller alternativa synpunkter ha utelämnats, vilket kan påverka bredden och djupet i studiens resultat.

DATAINSAMLING

Fokusgruppsintervjuer valdes som datainsamlingsmetod. En fokusgrupp innebär att flera deltagare tillsammans diskuterar forskningsfrågorna under ledning av en moderator. Fokusgrupper är särskilt lämpliga i sammanhang där forskaren är intresserad av att undersöka hur gemensamma betydelser formas i social interaktion.[15] Metoden ansågs lämplig eftersom den skapar en dynamik där deltagarna inte enbart svarar på frågor individuellt, utan även reagerar på och bygger vidare på varandras inlägg. Sådana gruppdiskussioner kan blottlägga perspektiv som enskilda intervjuer kanske skulle missa. Särskilt i en explorativ studie är det värdefullt att diskussioner mellan deltagarna kan ge upphov till nya insikter utan fors-

---

[14] De flesta metodböcker rekommenderar minst fyra personer i en fokusgruppsintervju, då grupper med färre än fyra deltagare kan ha svårt att skapa ett tillräckligt utbyte av idéer. I en av mina fokusgruppsintervjuer deltog tre personer. Jag anser dock att intervjun med enbart tre deltagare genererade ett tillräckligt stort utbyte av idéer för att nå intervjuns syfte.

[15] Victoria Wibeck, *Fokusgrupper: Om fokuserade gruppintervjuer som undersökningsmetod* (Lund: Studentlitteratur, 2010).

karens direkta styrning. Fokusgrupper låter dessutom forskaren studera kollektiva föreställningar – hur gruppen av ledare tillsammans uttrycker identitet, värderingar och uppfattningar om sin roll – vilket ligger i linje med studiens intresse.

Totalt genomfördes tre fokusgruppsintervjuer under hösten 2022. I varje fokusgrupp deltog som nämnt fem ledare från samma organisation. Diskussionerna utgick från en semistrukturerad intervjuguide med öppna frågor kopplade till studiens forskningsfrågor (till exempel frågor om hur man beskriver organisationens identitet, dess samhällsbidrag, eventuella hot mot organisationens särart, och religionsmöten, se Bilaga 1). Forskaren höll i samtalet, ställde följdfrågor vid behov och såg till att alla deltagare fick möjlighet att yttra sig. Varje fokusgruppssession pågick i ungefär 90–100 minuter och dokumenterades genom ljudinspelning (med deltagarnas godkännande). Ljudfilerna transkriberades ordagrant för analysens skull.

I ett av de fyra fallen (Hela Människan) var det logistiskt svårt att samla flera ledare samtidigt. Därför genomfördes en djupintervju med en nyckelperson på organisationens huvudkontor som komplement. Denna enskilda intervju följde samma intervjuguide och metodologiska upplägg (inspelning, transkribering, etc.) som fokusgrupperna.

Under intervjuerna strävade forskaren efter att skapa en tillåtande atmosfär där olika åsikter kunde uttryckas fritt. Då deltagarna i fokusgrupperna var kollegor från samma organisation fanns en medvetenhet om att gruppdynamiken kunde påverka samtalet. En risk med redan etablerade grupper är att gruppdynamiker eller hierarkier gör att vissa röster dominerar eller att deltagarna uttrycker sig i interna koder och tar mycket för givet. För att motverka detta betonades att det inte fanns några rätta svar och att alla perspektiv var välkomna.

ANALYSMETOD

Det insamlade materialet (transkriptionerna från intervjuerna) analyserades med hjälp av tematisk analys. Tematisk analys är en metod för att systematiskt identifiera och koda återkommande teman eller mönster i det empiriska materialet. Metoden valdes eftersom den är flexibel och passar väl för att utforska nya områden – Virginia Braun och Victoria Clarke beskriver den som en användarvänlig analysmetod som inte kräver en omfattande förankring i en specifik teori på förhand. I praktiken följdes etablerade riktlinjer för tematisk analys vilka omfattar flera steg:[16]

(1) *Transkribering och genomläsning:* Först transkriberades alla intervjuer ordagrant och materialet lästes igenom upprepade gånger för att forskaren skulle bli förtrogen med innehållet. Initiala intryck och idéer noterades.

(2) *Initial kodning:* Därefter kodades materialet systematiskt genom att betydelsebärande segment (meningar eller fraser) märktes med korta koder som sammanfattade innehållet eller idén. Kodningen gjordes med utgångspunkt i studiens syfte och forskningsfrågor – exempelvis kunde uttalanden om ”våra kristna rötter” få koden *identitet: värdegrund.* Här var analysen i hög grad datadriven (induktiv), men forskarens förförståelse spelade också in i tolkningen.[17]

(3) *Sökning efter teman:* När alla relevanta koder identifierats, sorterades och grupperades dessa i preliminära teman. Koder med liknande innehåll eller som berörde samma övergripande fråga fördes samman. Exempelvis kunde flera koder som handlade om beroendet av statlig finansiering och risken att förlora sitt uppdrag sammanföras till ett gemensamt tema: *utmaningar i relation till den offentliga sektorn.*

(4) *Granskning av teman:* De potentiella temana granskades sedan i ljuset av det ursprungliga datamaterialet. Transkriptionerna lästes om för att säkerställa att varje tema hade stöd i flera utsagor och att ingen väsentlig information förbisågs. Vissa teman slogs ihop, delades eller omformulerades vid behov. Teman definierades tydligare genom att avgränsa deras kärninnehåll och ge dem passande benämningar.

(5) *Slutförande av analys och rapportering:* Slutligen utarbetades det färdiga resultatet baserat på de tematiska mönstren. I den färdiga rapporten

---

[16] Virginia Braun och Victoria Clarke, *Thematic Analysis: A Practical Guide* (London: SAGE, 2022).

[17] Virginia Braun och Victoria Clarke, ”Using Thematic Analysis in Psychology”, *Qualitative Research in Psychology* 3/2 (2006), 77–101, menar att ett vanligt misstag är att beskriva teman som att de ”framträdde” ur materialet, vilket döljer forskarens aktiva tolkningsarbete. En god tematisk analys kännetecknas i stället av att forskaren är aktiv i analysen.

> beskrevs temana i löpande text och stöddes av illustrativa citat från intervjuerna. Denna fas innebar också en tolkande sammanvägning av temana i relation till studiens forskningsfrågor. I resultatkapitlet presenterades teman främst utifrån de forskningsfrågor som styrde den induktiva analysen. För att ytterligare fördjupa förståelsen av det empiriska materialet har teman i diskussionskapitlet analyserats i ljuset av teoretiska perspektiv. Detta tillvägagångssätt innebär att de teoretiska perspektiven (som till exempel Paul Lichtermans teorier om reflekterande praktiker samt Lue Brethertons teologiska perspektiv om ”det gemensamma goda livet”) fördes in efter den initiala, induktiva analysen. I diskussionen används teorierna därmed som tolkningsverktyg för att belysa, nyansera och ytterligare problematisera de teman som tidigare identifierats. Genom detta arbetssätt gavs möjlighet att fånga samspelet mellan empiriskt drivna teman och relevanta teoretiska insikter, vilket fördjupade analysen och öppnade upp för bredare tolkningar av materialet.

Analysarbetet bedrevs av forskaren själv men för att öka validiteten i tolkningarna har resultaten löpande diskuterats med projektledaren för studien, samt validerats av intervjupersonerna. Analysprocessen präglades av reflexivitet, där forskaren kontinuerligt granskade hur den egna bakgrunden kan ha påverkat kodning och tematisering.

FORSKARENS ROLL

I kvalitativ forskning erkänns forskarens betydelse som ett ”instrument” i processen – forskarens förförståelse och position kan påverka både datainsamling och analys. I denna studie intog forskaren delvis en insiderroll i förhållande till ämnet. Forskaren har en teologisk utbildning och god kännedom om svensk frikyrklighet, inklusive egen erfarenhet som medlem i en frikyrka. Samtidigt var forskaren en outsider i den meningen att hon inte var direkt involverad i de studerade organisationerna och inte hade tidigare relationer med deltagarna.

Denna dubbelhet – att samtidigt vara insider och outsider – kan betraktas både som en styrka, genom ökad förståelse, och som en potentiell svaghet, genom att det ställer särskilda krav på reflexiv medvetenhet hos forskaren. Forskarens bakgrund och erfarenhet av svensk frikyrklighet gav värdefull insyn i deltagarnas kontext, vilket underlättade förståelse av de kulturella och religiösa referenser som användes under intervjuerna. Samtidigt innebar denna närhet en risk för att viktiga och kritiska perspektiv förbisågs eller att forskaren omedvetet sympatiserade med deltagarnas beskrivningar. Å andra sidan gav forskarens outsiderposition, genom att inte direkt tillhöra någon av de studerade organisationerna, möjligheter att betrakta materialet med en viss kritisk distans. Detta hjälpte forskaren att se på materialet med friska ögon och ställa utmanande frågor utan att vara bunden av interna lojaliteter.

Genomgående har en reflexiv hållning upprätthållits där forskarens egna föreställningar och förförståelse kontinuerligt ifrågasatts. Diskussioner med kollegor samt sakkunnigprocessen har bidragit till att medvetandegöra och motverka sådana eventuella biaser.

TILLFÖRLITLIGHET OCH TROVÄRDIGHET

En central åtgärd för att öka resultatens trovärdighet var deltagarvalidering. Detta innebar att studiens preliminära fynd återkopplades till intervjupersonerna och andra nyckelpersoner i organisationerna. Deltagarna fick möjlighet att läsa igenom sammanställningar av resultat och kontrollera att deras utsagor hade tolkats rätt.

Deltagarvalideringen kompletterades sedan med en tydlig reflexiv granskning. Konkret innebar detta att informanternas kommentarer och eventuella invändningar dokumenterades noggrant och att deras återkoppling därefter analyserades kritiskt snarare än accepterades direkt. Eventuella förändringar i analysen gjordes först efter noggrann prövning och tydlig motivering av forskaren själv. På så sätt användes deltagarvalideringen som ett redskap för att fördjupa forskarens tolkningar och säkerställa att slutsatserna inte byggde på missförstånd – snarare än som ett sätt att överlåta ansvaret för resultatens trovärdighet till informanterna.

Vidare har användningen av fokusgrupper i sig bidragit till en viss form av triangulering, då flera personer diskuterar samma fråga. Om ett tema tas upp och bekräftas av flera deltagare inom en grupp (eller i flera olika grupper), ökar det förtroendet för att fyndet inte är ett enskilt uttryck. På samma sätt ger de fyra olika organisationerna möjlighet till jämförande analys. Om likartade mönster framträder i organisationer med olika karaktär tyder det på en viss allmängiltighet i resultaten. Samtidigt noteras att studiens omfattning är begränsad – endast fyra organisationer har studerats – varför målet inte är att generalisera till alla frikyrkliga aktörer. I stället är ambitionen att ge djupgående insikter om dessa specifika organisationer, vilka läsaren sedan kan bedöma i vilken mån de är överförbara till andra kontexter. Genom tjocka beskrivningar och citat i resultatpresentationen underlättas för läsaren att avgöra hur resultaten kan ha relevans även utanför studiens omedelbara sammanhang.

Slutligen har sakkunniggranskningen stärkt studiens tillförlitlighet. Tre erfarna forskare och en representant från studieförbundet Bilda genomförde en öppen forumgranskning av rapporten – ett förfarande där både författare och granskare kände till varandras identiteter. Sakkunniggranskarnas skriftliga kommentarer kompletterades även med ett forskarseminarium där granskarna hade möjlighet att fördjupa sina resonemang i dialog med författaren. Samtliga forskningssteg har dessutom ventilerats med projektets forskningsledare, och analysen har fortlöpande fått kollegial återkoppling. Sammantaget har dessa kollegiala processer ökat studiens trovärdighet.

ETISKA ÖVERVÄGANDEN

Studien har planerats och genomförts i enlighet med etablerade forskningsetiska riktlinjer. Inför datainsamlingen informerades alla potentiella deltagare skriftligt och muntligt om studiens syfte, vad medverkan innebar, och att deltagandet var helt frivilligt. Deltagarna fick veta att de när som helst kunde avbryta sitt deltagande utan att behöva ange orsak. Samtliga deltagare undertecknade ett informerat samtycke efter att ha tagit del av denna information.

För att skydda deltagarnas integritet hanterades data konfidentiellt. Ljudinspelningarna förvarades på ett säkert sätt och var endast tillgängliga för forskaren och de kommer att raderas efter att studien slutförts. I transkriptionerna och den färdiga rapporten pseudonymiserades individuella utsagor; inga enskilda namn på deltagare anges, utan citat attribueras till exempel ”ledaren” eller liknande. Organisationerna omnämns i studien med sina riktiga namn med deras godkännande – i detta fall ansågs det etiskt försvarbart då fokus ligger på organisationsnivå och ingen känslig persondata röjs. Deltagarna var införstådda med att organisationerna skulle identifieras och gav sitt medgivande till detta.

Studien genomgick en formell etikprövning och godkändes av Etikprövningsmyndigheten (dnr kan anges vid förfrågan). Under hela forskningsprocessen har forskaren beaktat de etiska aspekterna i varje moment – från planering, datainsamling, analys till rapportering.

PRESENTATION AV ORGANISATIONERNA

ERIKSHJÄLPEN

Erikshjälpen (EH) grundades 1967 och är en barnrättsorganisation med en ideell second hand-verksamhet. Barnrättsorganisationen Erikshjälpen är en stiftelse och Erikshjälpen Second Hand är en ideell förening. I praktiken är EH två juridiska personer som ”samverkar under samma varumärke, delar samma vision och stödjer varandras mål”.[18] Organisationerna har två olika ledningsgrupper som var för sig leder de två olika verksamheterna, därtill finns en gemensam ledningsgrupp för övergripande frågor som berör båda organisationerna. Allt överskott återinvesteras i ändamålet. EH:s värdegrund är tredelad och bygger på FN:s barnkonvention, grundaren Erik Nilssons ”anda” och en kristen människosyn.[19]

Erikshjälpen verkar både internationellt och nationellt. Internationellt bedriver man långsiktigt barnrättsarbete i 15 länder med insatser för barns rätt till hälsa, trygghet och skydd, utbildning och fritid, samt akuta humanitära insatser och katastrofriskreducering.[20]

---

[18] Online: https://erikshjalpen.se/om-erikshjalpen.

[19] Online: https://erikshjalpen.se/om-erikshjalpen/var-vardegrund/.

[20] Online: https://erikshjalpen.se/vara-temaomraden.

I Sverige arbetar Erikshjälpen för alla barns rätt till jämlika och trygga uppväxtvillkor genom plattformarna *Erikshjälpen Framtidsverkstad*, *Erikshjälpen Ungagerad* och *Football for All Global*. I Sverige driver Erikshjälpen ett 50-tal second hand-butiker. Dessa butiker genererar intäkter till barnrättsarbetet och fungerar samtidigt som sociala mötesplatser och praktikplatser för personer utanför den ordinarie arbetsmarknaden.[21] Erikshjälpen arbetar även med opinionsbildning i barnrättsfrågor och hållbarhet, i enlighet med sin värdegrund.

Organisationen finansieras huvudsakligen av gåvor, second hand-intäkter och bidrag från institutionella givare – inklusive bidrag från kommuner, regioner och myndigheter. Erikshjälpen är medlem i branschorganisationer för idéburna organisationer och en aktiv del av det svenska civilsamhället. I studien är det primärt Erikshjälpens arbete i Sverige som undersöks.

HELA MÄNNISKAN

Hela människan (HM) är en ekumenisk, ideell förening med verksamheter på 45 orter i Sverige. Organisationen består av lokala enheter med en samordnande riksorganisation. Huvudmän för organisationen är tolv kyrkor och kyrkliga organisationer. Dessa huvudmän, i samverkan med de lokala enheterna, beslutar om riksorganisationens målsättning och stadgar. Styrelsen på riksnivå utses i samråd med dessa huvudmän, vilket säkerställer förankring i den idéburna och kyrkliga sfären.[22] HM:s rötter sträcker sig till år 1920 då flera kristna samfund och organisationer gick samman för att bilda Riksutskottet för de Kristnas Förbudsrörelse, en organisation som arbetade för ett alkoholförbud i Sverige.[23] HM:s värdegrund bygger på en människosyn med Jesus Kristus som förebild och källa till kraft och inspiration.

---

[21] Online: http://erikshjalpen.se/om-erikshjalpen-second-hand/vara-uppdrag/vart-sociala-uppdrag.

[22] Online: https://helamanniskan.se/wp-content/uploads/2023/11/stadgar-riksorganisationen-hela-manniskan.pdf.

[23] Bildandet av organisationen skedde på Svenska missionsförbundets kontor i Stockholm. Se online: https://helamanniskan.se/om-oss.

Hela Människan bedriver ett omfattande socialt och diakonalt arbete för att stödja människor i utsatta livssituationer. Genom sina verksamheter erbjuder organisationen bland annat öppna sociala mötesplatser, härbärgen och boenden, läkarmottagningar, sociala matbutiker samt arbetsträning i egna second hand-butiker. Dessa insatser syftar till att motverka ofrivillig ensamhet och stärka den existentiella hälsan hos individer som befinner sig i socialt utanförskap.[24] Verksamheten sker i samverkan med lokala huvudmän, kommun, myndigheter och näringsliv. HM arbetar även med opinionsbildning som enligt styrdokumenten ska ha sin utgångspunkt i en ekumenisk grundsyn. HM önskar vara en kraft att räkna med i civilsamhället och i den gemensamma opinionsbildning som bedrivs för att stärka civilsamhällets roll, samt initiera och skapa dialog, även på internationella plattformar.[25]

Hela Människan finansieras huvudsakligen genom bidrag från myndigheter, organisationer och stiftelser, samt avkastning på kapital. Ytterligare intäkter kommer från gåvor från privatpersoner och huvudmän.[26] HM:s rikskansli ansvarar för att utveckla och samordna finansieringsformer för hela organisationen. Detta innefattar gemensamma ansökningar, fördelning av medel och rapportering till nationella myndigheter.[27] HM är medlem i branschorganisationer för idéburna organisationer och en aktiv del av det svenska civilsamhället.

GÖTEBORGS RÄDDNINGSMISSION

Göteborgs Räddningsmission (GR) är en ekumenisk ideell förening som bedriver socialt arbete på kristen grund. Huvudmän för organisationen är 38 kristna församlingar i Göteborg med omnejd. Dessa huvudmän har rätt att utse ombud med rösträtt till årsmötet som är föreningens högsta beslutande organ. Årsmötet beslutar om budget och verksamhetsplan

---

[24] Online: https://helamanniskan.se/om-oss.

[25] Online: https://helamanniskan.se/wp-content/uploads/2024/02/strategisk-plan-2024-2025.

[26] Online: https://helamanniskan.se/wp-content/uploads/2025/04/verksamhetssberattelse-och-arsredovisning-2024-lagupplost.pdf.

[27] Online: https://helamanniskan.se/wp-content/uploads/2024/02/strategisk-plan-2024-2025.

samt väljer styrelsen som bär det yttersta ansvaret för verksamheten.[28] GR grundades 1952 av lokala frikyrkoförsamlingar i Göteborg.[29]

GR:s värdegrund beskrivs som ett träd. Rötterna representerar den kristna tron, stammen och grenverket symboliserar riktningen och de värderingar som växer fram ur tron, och frukten representerar de identitetsdrag som formas i samklang med rötterna och riktningen.[30]

GR bedriver ett omfattande socialt och diakonalt arbete för att stödja människor i utsatta livssituationer. Detta görs genom diakonal handling, diakonal mobilisering och diakonal opinionsbildning. Genom sina verksamheter erbjuder organisationen bland annat öppna sociala mötesplatser, härbärgen och boenden, stöd för kvinnor i utsatthet, sociala mat- och klädbutiker, communityskolor, barn- och familjeverksamheter samt arbetsträning i egna sociala företag. Verksamheten sker i nära samverkan med privatpersoner, kyrkor, företag och det offentliga. GR engagerar sig också i opinionsbildning och samhällspåverkan med utgångspunkt i sin värdegrund. Organisationen vill föra en samhällspolitisk dialog som bidrar till positiva förändringar för de människor verksamheten möter.

Göteborgs Räddningsmission finansierar sin verksamhet genom en kombination av privata gåvor, offentliga bidrag, offentlig ersättning, försäljning till kund och projektmedel.[31] GR är medlem i Famna, en intresse- och kunskapsorganisation som synliggör den idéburna sektorns roll, särart och potential i den svenska välfärden. GR är en aktiv del av det svenska civilsamhället.

HYLLIE PARK TALENTBYRÅN

Hyllie Park Talentbyrån (HTB) är ett idéburet socialt företag inom arbetsmarknadssektorn. Det är formellt ett aktiebolag, samägt av den frikyrkli-

[28] Online: https://www.raddningsmissionen.se/omoss; https://www.raddningsmissionen.se/styrelse-och-valberedning.

[29] Online: https://www.raddningsmissionen.se/70ar.

[30] Online: https://www.raddningsmissionen.se/sites/default/files/element-files/Va%CC%88rdegrund%202024%20WEBB.pdf.

[31] Online: https://www.raddningsmissionen.se/organisation-och-ekonomi.

ga församlingen Skillinge Missionshus och Hyllie Park Folkhögskola.[32] Verksamheten har en styrelse där de två ägarna har två representanter var. HTB har sin bakgrund i Föreningen Talenterna som bildades av Hyllie Park Folkhögskola och Skillinge Missionshus år 2018. Under två år drev föreningen projektet *Från SFI till arbete*, vilket var finansierat av Europeiska Socialfonden. År 2020 bildades aktiebolaget Hyllie Park Talentbyrån.

HTB står bakom Hyllie Park-områdets värdegrund, vilken uttrycks genom tre kärnvärden: (1) samhällsengagemang på kristen grund för lärande, växande och omsorg; (2) att främja möten där varje människa är viktig; samt (3) att bli del av ett sammanhang präglat av hjärta och tanke.

Huvuduppdraget för HTB är att genomföra Arbetsförmedlingens program ”Rusta och matcha”. Detta innebär att man coachar arbetssökande mot jobb eller studier genom personlig vägledning, hjälp med ansökningshandlingar, intervjuträning och kontakter med arbetsgivare. Verksamheten bedrivs från kontor i Simrishamn och Malmö och sker i samverkan med lokala aktörer.

Hyllie Park Talentbyrån får sin finansiering från Arbetsförmedlingen, som betalar ersättning utifrån antalet deltagare och de resultat verksamheten uppnår. All eventuell vinst återinvesteras i verksamheten. HTB har sin grund i den idéburna sektorn och är en aktiv del av det svenska civilsamhället.

TIDIGARE FORSKNING OCH TEORETISKA PERSPEKTIV

Den forskningsöversikt och de teoretiska perspektiv som presenteras i denna del integrerades i analysen först efter den initiala genomgången av det empiriska materialet, i syfte att fördjupa förståelsen av de teman som framträdde.

---

[32] Skillinge missionshus är en samarbetsförsamling mellan Equmeniakyrkan och Evangeliska frikyrkan (EFK).

Forskning om idéburen välfärd i Sverige pekar på att civilsamhällets aktörer spelar en allt viktigare roll inom välfärdssektorn, men också att det finns betydande kunskapsluckor. En omfattande litteraturöversikt av Ebba Henrekson och Truls Neubeck identifierar en växande medvetenhet om de idéburna organisationernas centrala roll, samtidigt som de konstaterar att tidigare studier främst fokuserat på politiska förändringsprocesser och internationella trender snarare än på den konkreta verksamheten. Enligt Henreksen och Neubach saknas det framför allt empirisk forskning om hur välfärdstjänster faktiskt utförs inom den idéburna sektorn, liksom forskning om individperspektivet – exempelvis ledare och volontärers drivkrafter och erfarenheter.[33] Som tidigare nämnts pekar detta på ett behov av studier som belyser hur ledare inom idéburna organisationer själva uppfattar och förhåller sig till sin roll som välfärdsaktörer i ett samhällsklimat präglat av förändring.

Ett återkommande tema i forskningen om civilsamhället handlar om dess förändrade roll i relation till staten. Redan på 1990-talet beskrev Tommy Lundström och Filip Wijkström ett skifte ”från röst till service” inom den idéburna sektorn.[34] Detta innebar att organisationerna allt oftare övergick från att vara medborgarnas språkrör till att bli leverantörer av välfärdstjänster. Senare studier har emellertid nyanserat bilden av omfattningen på denna förändring.[35] Trots politiska ambitioner att öka inslaget av idéburna aktörer inom välfärden har vinstdrivande företag vuxit betydligt snabbare än ideella organisationer. Enligt den senast statistiken från Famna – riksorganisationen för idéburen välfärd – står idéburna organisationer för cirka tre procent av välfärdssektorns omsättning, jämfört med 21 procent för privata utförare. Daniel Arnesen och Karl Henrik

---

[33] Henrekson och Neubeck, ”Idéburen välfärd”.

[34] Tommy Lundström och Filip Wijkström, *The Nonprofit Sector in Sweden* (Manchester: Manchester University Press, 1997); idem, ”Från röst till service: Vad hände sen?”, i *Civilsamhället i samhällskontraktet: En antologi om vad som står på spel*, red. Filip Wijkström (Stockholm: European Civil Society Press, 2012), 89–112.

[35] Daniel Arnesen och Karl Henrik Sivesind, *Organisasjonslandskap i endring 2009–2019: Fra ideologisk samfunnsendring til individuell utfoldelse?* (Bergen: Senter for forskning på sivilsamfunn og frivillig sektor, 2020).

Sivesind menar att bristen på kraftfulla politiska åtgärder för att stödja idéburna aktörer kan förklara de idéburna organisationernas begränsade tillväxt.[36]

Samtidigt återstår viktiga frågor om hur idéburna organisationer faktiskt hanterar sin roll som utförare av välfärdstjänster. Ett särskilt uppmärksammat område handlar om spänningen mellan offentlig finansiering och organisationernas ideologiska särart. Ett större forskningsprojekt har exempelvis studerat Svenska kyrkans sociala arbete utifrån detta perspektiv, med syfte att förstå hur statliga medel och krav påverkar kyrkans identitet och verksamhet.[37] Även för frikyrkliga organisationer aktualiseras frågan om hur man bevarar sin ideologiska identitet i en kontext där man möter ökande krav på professionalism, effektivitet och anpassning till offentliga välfärdssystem.

Här blir den norske forskaren Stephen Sirris perspektiv intressant. Sirris varnar för en ”faustisk pakt” när ideella organisationer alltför okritiskt anpassar sig till marknadens logik. Marknadens villkor kan ge ökade resurser och inflytande, men priset riskerar bli att organisationens unika identitet urholkas. Enligt Sirris måste organisationer hålla fast vid vissa icke-förhandlingsbara värderingar – kärnidéer man inte kompromissar bort för bidrag eller uppdrag – om de vill bevara sin särart. En viss grad av identitetsmässig spänning och självrannsakan är oundviklig, men med tydliga principer kan denna ”förvirring” vändas till något positivt som driver värdegrundsarbetet framåt.[38]

---

[36] Karl Henrik Sivesind och Håkon Solheim Trætteberg, ”Does Out-Contracting of Welfare Services Promote Active Citizenship?”, i *Promoting Active Citizenship: Markets and Choice in Scandinavian Welfare*, red. Karl Henrik Sivesind och Jo Saglie (London: Palgrave Macmillan, 2017), 15–34.

[37] Anders Bäckström, red., *Welfare and Values in Europe: Transitions related to Religion, Minorities and Gender Northern Europe: Sweden, Norway, Finland, England* (Acta Universitatis Upsaliensis: Studies in Religion and Society 4; Uppsala: Uppsala Religion and Society Research Centre, 2011); idem, *Välfärdsinsatser på religiös grund: Förväntningar och problem* (Skellefteå: Artos, 2014).

[38] Stephen Sirris, ”Institutional Complexity Challenging Values and Identities in Scandinavian Welfare Organisations”, i *Understanding Values Work*, red. Harald Askeland et al. (Cham: Palgrave Macmillan, 2020).

Flera forskare har på olika sätt belyst vad som utmärker idéburna aktörer inom välfärden.[39] Värdegrund och värderingar framstår som genomgående och centrala kännetecken.[40] Utöver detta pekar Hultén och Wijkström på unika metoder, demokratisk organisering, frivilliga resurser (volontärer) och ett långsiktigt perspektiv där visionen sätts före ekonomisk vinst.[41] Karin Gavelin, Annica Kassman och Carin Engel betonar därtill ett relationsorienterat bemötande, lyhördhet för brukarnas behov samt organisationernas förmåga att utveckla innovativa lösningar och fungera som röstbärare för marginaliserade grupper.[42] Ulf Hammare lyfter ett annorlunda etos och kunskapssyn – personal i ideell sektor visar större fokus på etik, människosyn och värderingar samt värdesätter engagerade, genuina relationer.[43] I utredningen från 2019 betonar Engblom ytterligare att de idéburna organisationerna utmärks av lokal förankring och närhet till brukare, att de ofta verkar i utsatta områden och involverar människor med egen erfarenhet av sociala problem.[44]

Samtidigt noterar Morten Sager att idéburna initiativs särskilda ethos ibland kolliderar med den mer evidensbaserade logik som präglar offentlig välfärd.[45] Sager visar hur idéburna verksamheter ofta bygger på en partikularistisk kunskapssyn – rotad i lokala erfarenheter och relationsbaserad kunskap – som ofta kolliderar med den universalistiska, evidensbaserade logik som präglar offentlig sektor.[46] Den ökade betoningen på evidensbaserad praktik (EBP) innebär att även ideella aktörer förväntas

---

[39] Karin Gavelin, Annica Kassman och Carin Engel, *Om idéburna organisationers särart och mervärde: En forskningskartläggning* (Stockholm: Överenskommelsen, 2010); Ulf Hammare, *Mellan löften om särart och krav på evidens: En studie av kunskap och kunskapssyn i socialt inriktade ideella, privata och offentliga organisationer* (Stockholms universitet: Avhandling, 2013); Hultén och Wijkström, *Särart och mervärde*; Engblom, *Idéburen välfärd*.

[40] Gavelin, Kassman och Engel, *Om idéburna organisationers särart*; Hammare, *Löften om särart*; Hultén och Wijkström, *Särart och mervärde*; Engblom, *Idéburen välfärd*.

[41] Hultén och Wijkström, *Särart och mervärde*.

[42] Hultén och Wijkström, *Särart och mervärde*.

[43] Hammare, *Löften om särart*.

[44] Engblom, *Idéburen välfärd*.

[45] Sagers perspektiv utvecklas mer under teoretiska perspektiv.

[46] Sager, ”Idéburen välfärd”.

kunna redovisa standardiserade, generaliserbara resultat för att legitimera och finansiera sin verksamhet. Sager argumenterar för en bredare syn på vad som räknas som evidens: den typ av kunskap och beprövad erfarenhet som utvecklas inom idéburna sammanhang bör erkännas och integreras i en mer inkluderande ”post-EBP”-modell. På så vis kan man undvika att värdefulla insatser i civilsamhället nedvärderas.

Sammantaget aktualiserar forskningen om idéburna organisationers särart behovet av att närmare undersöka hur denna särart kommer till uttryck i frikyrkliga idéburna organisationer. För att analysera hur frikyrkliga diakonala ledare navigerar sin identitet och sitt samhällsuppdrag används flera teoretiska perspektiv. Gemensamt för dessa är fokus på interna kulturella faktorer och externa krav i skärningspunkten mellan tro och offentlighet. I det följande avsnittet presenteras några teoretiska perspektiv som varit särskilt centrala i analysen av det empiriska materialet.

Ett centralt begrepp för att analysera hur ledare beskriver sin organisation är *organisatorisk självförståelse*.[47] Begreppet organisatorisk identitet har ofta använts för att beskriva hur medlemmar i en organisation uppfattar dess särprägel, kontinuitet och kärnvärden över tid. Olof Brunninge utvecklar detta begrepp genom att införa termen *organisatorisk självförståelse*, som han definierar som medlemmarnas gemensamma tolkning av vad organisationen *är*, *har varit* och *bör vara* – ett slags levd och tolkad identitet.[48] Självförståelse är alltså inte en fast essens, utan ett dynamiskt meningssystem som formas genom ständiga reflektioner över organisationens karaktär och uppdrag. Det handlar både om ett pågående

---

[47] I *Organisational Self-Understanding and the Strategy Process: Strategy Dynamics in Scania and Handelsbanken* (JIBS Dissertation Series 27; Jönköping International Business School: Avhandling, 2005) undersöker Olof Brunninge strategiprocesser i två stora företag – Scania och Handelsbanken – och hur dessa processer hänger samman med organisationernas självförståelse. Enligt Brunninge fungerar självförståelsen som en strategisk tolkningsram: den vägleder vilka strategiska val som uppfattas som meningsfulla och legitima och vilka som avfärdas för att de hotar organisationens grundläggande identitet. Studien visar att strategiska vägval ofta vilade mer på organisationens självbild än på formella analyser eller planer. En viktig poäng i avhandlingen är därmed att självförståelsen hjälper organisationen att bevara sin unika identitet trots omvärldsförändringar.

[48] Brunninge, *Organisational Self-Understanding*.

tolkningsarbete (en process) och om de gemensamma föreställningar som detta arbete genererar (ett resultat).

Brunninge visar att strategiska vägval ofta vilar på denna självförståelse snarare än på externa analyser eller formella planer. Självförståelsen fungerar som en strategisk tolkningsram: den påverkar vilka förändringar som upplevs som meningsfulla, legitima eller möjliga, och vilka som hotar organisationens inre integritet. Samtidigt skapar självförståelsen en känsla av kontinuitet över tid, även i förändring. Att studera diakonala ledares självförståelse innebär därför att studera de berättelser och perspektiv genom vilka de uttrycker organisationens identitet, historia och särart. Brunninge menar visserligen att begreppet organisatorisk självförståelse bör ersätta organisatorisk identitet, men i denna studie används båda. Skälet är att identitet låg till grund för intervjufrågorna, medan självförståelse introducerades först i ett senare skede av analysen.

Inom denna tematik är begreppsparet *särart* och *mervärde* centralt. Pernilla Hultén och Filip Wijkström använde dessa begrepp för att fånga hur ideella organisationer definierar sin egenart inom välfärden.[49] *Särart* avser organisationens unika karaktär – hur den skiljer sig från offentliga eller privata aktörer – medan *mervärde* syftar på det extra värde den bidrar med utöver vad andra kan erbjuda. Enligt Pernilla Hultén och Filip Wijkström utgör särarten grunden för organisationens mervärde. Om inte organisationen på grundläggande punkter skiljer sig från sina motsvarigheter i stat eller marknad, kan det utlovade mervärdet lika gärna produceras av någon annan. Det ligger därför i de ideella aktörernas eget intresse att tydligt artikulera sin särart – att förklara hur och varför de är annorlunda – och hur denna unika prägel gör att de kan komplettera samhällets övriga välfärdsinsatser.

Stig Linde fokuserar på hur diakonala aktörer positionerar sig i det svenska välfärdslandskapet.[50] Linde menar att den som önskar bidra till samhällets välfärd behöver förhålla sig till olika principer för hur välfärd

---

[49] Hultén och Wijkström, *Särart och mervärde.*

[50] Linde, ”Välfärdsstat”.

finansieras, organiseras och förstås. En avgörande del är att förstå den egna identiteten och vilken roll man vill anta i det landskap man navigerar i. Linde beskriver fyra olika välfärdsprinciper som diakonala organisationer i en svensk kontext kan finnas i.[51]

Den första logiken beskrivs som en kompensatorisk logik som uppväger svårigheter eller brister hos en enskild eller ett hushåll genom ekonomiskt bistånd, matkassar med mera.

Den andra logiken kännetecknas av att man bidrar genom att åberopa sociala och medborgerliga rättigheter. Både den kompensatoriska logiken och att bidra genom att åberopa sociala och medborgerliga rättigheter, kräver en stark välfärdsstat.

I den tredje logiken bidrar man genom att erbjuda tjänster på en marknad och i den fjärde logiken genom att investera i välfärd. Den tredje och den fjärde logiken bygger på en utgångspunkt om välfärdsstatens gradvisa av- och omreglering.

Sociologen Paul Lichterman betonar att civilsamhällesaktörers förmåga att göra positiv skillnad beror på interna vanor och en kultur som möjliggör samarbete över gränser. I sin uppmärksammade studie av kyrkliga aktörers bidrag till ett gränsöverskridande samhälle i USA, konstaterar Lichterman att positiva effekter är beroende av specifika vanor och handlingsmönster som formas internt hos civilsamhällets aktörer. Det är inte tillräckligt att enbart hänvisa till det sociala kapitalets allmänt positiva effekter (gentemot Robert D. Putnams inflytelserika teorier).[52] Offentligt stöd och värderingar som sammanfaller med samhällets gemensamma värderingar är heller inte tillräckligt. Socialt arbete som bidrar till ett mer integrerat civilsamhälle kräver en intern kultur hos de religiösa aktörerna som bland annat har rum för reflektion och självkritik samt en vilja till och praktiska former för samarbete med andra.[53]

---

[51] Linde, ”Välfärdsstat”, 105–112.

[52] Robert D. Putnam, Robert Leonardi och Raffaella Y. Nanetti, *Making Democracy Work: Civic Traditions in Modern Italy* (Princeton: Princeton University Press, 1992).

[53] Lichterman, *Elusive Togetherness*, och vidare Bretherton, *Resurrecting Democracy*, och Jeffrey Stout, *Blessed are the Organized: Grassroots Democracy in America* (Princeton: Princeton University Press, 2012).

Enligt Lichterman är två saker avgörande om civilsamhällesaktörer ska kunna skapa ett samhälle som ger människor makt, för människor samman och blir en kraft som påverkar samhället. Eller, som han beskriver det, ”blir brobyggande”:

(1) Att aktörerna arbetar tillsammans med människor och inte bara arbetar för (genom att till exempel ge ekonomiskt stöd eller matkassar). Här finns en stor utmaning att välfärdsaktörer bara blir ”tjänsteproducerande” och inte bidrar till att ge människor egenmakt så att de själva kan påverka sin situation.

(2) Det krävs praktiker och kultur som ger utrymme för reflektion både över sin egen roll och den kontext man finns i. Ska aktörerna göra någon skillnad mot marknad och stat måste relationerna bli medvetna så att man kan reflektera över dem. Och man måste ha tillräcklig öppenhet så att man inte på förhand vet vad andra målgrupper tänker och behöver. Det behöver finnas en villighet till självprövning.[54]

Slutligen bidrar teologiska perspektiv till förståelsen av religionsmöten i diakonala organisationer. Teologen Luke Bretherton kritiserar såväl akademin som offentligheten för att ofta reducera interreligiösa relationer till antingen religionsdialog eller gemensamma humanitära insatser, där skillnader mellan trosuppfattningar osynliggörs och relationernas politiska dimension förnekas.[55] I stället föreslår han att interreligiösa relationer bör förstås som civilsamhälleliga och politiska praktiker där religiösa grupper – trots skilda teologiska utgångspunkter – kan samverka för att forma ett gemensamt gott liv.

Mot bakgrund av en växande religiös mångfald, en förändrad välfärdsstat och en ökande samverkan mellan statliga aktörer och religiösa grupper, beskriver Bretherton framväxten av vad han kallar en postsekulär politik. Här menar han att staten och marknaden inte längre kan bortse från religionens närvaro och handlingskraft i det offentliga rummet. I detta landskap står religiösa aktörer inför tre frestelser: (1) att bli koopterade av staten; (2) att reduceras till identitetspolitiska grupper; eller (3) att bli

---

[54] Lichterman, *Elusive Togetherness*.

[55] Bretherton, ”Postsecular Politics”; jfr idem, *Resurrecting Democracy*; idem, *Christ and the Common Life*.

en vara på marknaden. Som motvikt till dessa tendenser förespråkar Bretherton en teologiskt förankrad förståelse av interreligiöst samarbete som en form av gästfrihetspolitik och en politik för det gemensamma bästa.

I denna modell betonas tre centrala praktiker: *lyssnande* (som motverkar misstro och öppnar för gemensam handling), *platsbundenhet* (som förutsättning för långsiktiga relationer och ansvarstagande), samt *institutionellt byggande* (för att skapa motståndskraftiga gemenskaper som kan balansera stat och marknad). Brethertons analys tydliggör hur religion inte bara kan fungera som bärare av moralisk motivation och socialt kapital, utan också som en konkret aktör i utformningen av demokratiska gemenskaper.

Slutligen är det viktigt att betona att studien analyserar ledarnas självförståelse vilket innebär att jag inte på förhand kommer ge en fast definition av vare sig civilsamhälle, välfärd eller civilsamhällesaktörer. Jag menar att en undersökning av självförståelsen hos frikyrkliga aktörer är av stor betydelse inte bara för organisationerna själva och för att förstå historiska förändringar inom frikyrkorna. Det handlar också om hur det svenska civilsamhället konstrueras och vilken roll religiösa aktörer och andra aktörer med ideologisk särart kan ha i den modell som nu växer fram. Hur frikyrkliga aktörer agerar och behandlas inom offentlig välfärdsproduktion är därmed ytterst en fråga om vilket samhälle vi vill ha.

RESULTAT

I det här kapitlet kommer ledarnas självförståelse att presenteras med utgångspunkt i materialet från fokusgruppsintervjuerna. Organisationerna kommer att presenteras var för sig med utgångspunkt i studiens fyra forskningsfrågor: (1) Hur beskriver ledarna organisationens *bidrag till samhället*? (2) Hur beskriver ledarna organisationens *identitet* och bevarandet av denna? (3) Vilka *hot* identifierar ledarna mot organisationens möjlighet att behålla sin särart? (4) Hur beskriver ledarna *religionsmöten* inom organisationens verksamhet?

ERIKSHJÄLPEN

BIDRAG TILL SAMHÄLLET

Ledarna framhåller flera konkreta sätt som Erikshjälpen (EH) bidrar till samhället. Som ett exempel nämns deras ideella second hand-verksamhet med cirka 60 butiker som genererar betydande medel – över 70 miljoner – i årligt överskott. Dessa medel går till att stödja barnrättsprojekt både i Sverige och internationell. EH driver exempelvis lokala *Framtidsverkstäder* som fokuserar på social mobilisering i underprivilegierade områden i Sverige för att motverka utanförskap bland barn och unga. Ledarna betonar att de arbetar med ett helhetsperspektiv i framtidsverkstäderna – de vill hjälpa hela familjer i stället för att begränsas av de uppdelningar som de menar ofta görs inom offentliga förvaltningar. Ledarna beskriver att det kan uppstå problem i kontakten med kommunen som inte är vana vid EH:s arbetssätt:

> De har sina olika förvaltningar och olika som jobbar mot olika delar av den helheten och då vet de inte var de ska placera oss och då blir det, liksom, jättekrångligt för dem och då kan det nästan rinna ut i sanden i stället.

Ledarna beskriver sitt helhetsperspektiv – att jobba med hela familjen – som ett särdrag och något de vill vidareutveckla. Samtidigt upplever de tydligt att den kommunala strukturen utgör ett hinder för innovation och utveckling. Eftersom kommunen vanligtvis arbetar med tydliga gränser mellan ansvarsområden och förvaltningar, beskriver ledarna att det uppstår svårigheter när de vill arbeta över dessa gränser. Det holistiska perspektivet som organisationen vill erbjuda, passar inte in i kommunens administrativa struktur.

Vidare beskriver ledarna att de ser det som avgörande att arbeta tillsammans med hela samhället: ”det är inte bara ens ansvar … vi behöver hjälpas åt från alla olika håll i samhället” säger en medarbetare om samverkan kring barns skolgång och fritid. Ledarna beskriver hur de samarbetar med myndigheter och kommuner för att långsiktigt stödja barn och unga; man krokar arm med det offentliga eftersom staten inte klarar uppdraget själv:

> … alltså, det är ju staten som har det ansvaret att se till att barn får sina rättigheter. Det har man ju skrivit under genom att man har ratificerat barnkonventionen, men vem som ska utföra ser ju lite olika ut faktiskt, vad som är det bästa. Där ser man ju en otrolig förändring i samhället genom … att man ser ju nu att det här klarar inte staten själva utan vi måste kroka arm och det är det vi vill ta till vara.

Samtidigt som ledarna betonar behovet av att kroka arm med staten, ser de också värdet i att vara en idéburen verksamhet skild från staten. Ledarna beskriver att EH når grupper som drar sig för att ta kontakt med myndigheter. Att ”gå till en idéburen verksamhet” kan upplevas enklare för familjer som har negativa erfarenheter av myndigheter.

Utöver viljan att samverka med samhällets institutioner lyfter ledarna också fram den särskilda kraft och identitet som följer av att vara en idéburen aktör. Detta kommer särskilt till uttryck i stoltheten över det arbete som bedrivs inom second hand-verksamheten och framtidsverkstäderna. De uttrycker att EH gör en ”betydande samhällsinsats” och att det finns ett starkt ”mervärde” när en idéburen organisation erbjuder arbetsträning:

> Ja, men själva mervärdet är ju det här med motivation ... man blir en i teamet och hjälper några som är mer utsatta än vad jag själv är. Man får andra bekantskaper. Går man till arbetsförmedlingens verksamheter så är det samma personer man möter hela tiden, men här får man då möjlighet att möta andra och får också en stolthet över vad Erikshjälpen gör och hela detta att det har betydelse. ... Vi jobbar alla tillsammans. Hos oss är det ju jätteviktigt att alla som kommer till våra butiker, är ... vi är medarbetare oavsett vad vi har med oss bakom.

Vi ser här att en av de viktigaste sakerna som ledaren menar att EH erbjuder en person som behöver komma in på arbetsmarknaden, är att få känna sig som en i teamet och få hjälpa någon som är mer utsatt än de själva. Detta säger ledaren ”blir meningsfullt”.

Förutom det direkta sociala arbetet intar Erikshjälpen även en opinionsbildande roll. Inför valet 2022 markerade de tydligt barnperspektivet i samhällsdebatten. Organisationen protesterade mot förslag (språktester för förskolebarn, visitationszoner med mera) som saknade hänsyn till de barn som berördes, och de ”stod upp” för barnens rättigheter i nära samverkan med många andra barnrättsorganisationer. Genom att delta i gemensamma nätverk – exempelvis Nätverket för Barnkonventionen som för dialog med regeringen – stärker Erikshjälpen barnrättsperspektivet nationellt. En ledare beskriver detta att vara ”en röst bland många barnrättsorganisationer” som ”jättepositivt”. Vidare säger ledaren att i sådana sammanhang ”handlar det inte om att vi är förankrade bakåt i en kristen värdegrund utan det är att vi är barnrättsorganisation”.

IDENTITET

När ledarna beskriver sitt arbete och organisationens koppling till frikyrkan betonar de att har en kristen värdegrund.[56] Ledarna återkom-

---

[56] För en beskrivning av Erikshjälpens tredelade värdegrund, se presentationen ovan.

mer ofta till EH:s grundare, pingstvännen Erik Nilsson, när de talar om den kristna värdegrunden. De beskriver att Erik talade om verksamheten som ett kärleksarbete för barnen. I självbeskrivningarna betonas vikten av att återberätta berättelser om organisationens kristna rötter. En ledare säger:

> Det är viktigt att belysa historien, att det kommer ur det kristna för det är många i organisationen som inte har kunskap om det och vad Erik hade för ståndpunkt och vad han hade för tanke med det.

Ledaren berättar även att han samtalat med anställda som inte kände till att EH:s internationella arbete under1960-talet skedde med hjälp av missionärer. Den här historiska kunskapen ”måste man ju ha med sig”, menar ledaren. Vidare lyfter en annan av ledarna att det inte är särskilt ofta som det ges tillfälle att samtala om vad det historiska arvet innebär för organisationen i dag.

Samtidigt som ledarna lyfter fram den kristna delen av värdegrunden är de noga med att betona att organisationen är inkluderande. Organisationen kräver inte att anställda eller volontärer ska vara personligt kristna, ”men man måste omfamna kärleksbudskapet och allas lika värde”. Detta innebär att även personer med annan tro eller ingen tro alls är välkomna, så länge de delar organisationens humanistiska värderingar. Som ett konkret exempel nämns att det finns muslimer som jobbar i Erikshjälpen.

Ledarna beskriver hur Erikshjälpen balanserar sin kristna identitet med öppenhet – de ser ingen motsättning i att vara en trosbaserad aktör och samtidigt inkluderande. En medarbetare framhåller tvärtom att den kristna grunden ”är vår styrka ... inget vi räds för eller skäms för”, eftersom den leder till att man ”välkomnar alla ... oavsett vad man själv tänker och tror, bara man följer värdegrunden”.

Det kristna arvet beskrivs vidare som något man kan ”lyfta upp med stolthet” just för att det innebär ett universellt kärleksbudskap om att hjälpa alla behövande. Ledarna ger exempel på hur den kristna identiteten påverkar organisationskulturen på olika sätt. Som ett exempel nämns hur grundarens änka skrev en särskild bön för Erikshjälpen för några år sedan som delades ut till alla medarbetare – något som ”inte hade varit i en vanlig barnrättsorganisation", påpekar en av ledarna. En annan ledare kommenterar att även om de inte har någon förpliktelse gentemot änkan så vill de ändå "vårda sitt arv".

Ledarna beskriver även hur Erikshjälpen, historiskt sett, har starka band till frikyrkorna. Verksamheten "växte upp från frikyrkan" och många second hand-butiksvolontärer kommer än idag från lokala församlingar. En ledare beskriver hur organisationen länge var känd "i den kristna världen" som en kanal för att ge bidrag till missions- och biståndsprojekt.

Samtidigt har Erikshjälpen utvecklats till en fristående aktör. Ledarna betonar tydligt att "vi är ju ingen kyrka" och att EH saknar formell koppling till ett specifikt samfund. I dag samarbetar EH ekumeniskt med "alla typer av kyrkor" samt med sekulära organisationer. Ungefär hälften av second hand-butikerna drivs i partnerskap med församlingar – medan andra butiker är helt frikopplade från kyrkan.

I samtal om värdegrunden och kopplingen till frikyrkan beskriver ledarna att det skett en förändring i organisationen. Här betonas att EH gått från att vara en insamlingsorganisation med starka kopplingar till kyrkor och kristna organisationer både i Sverige och internationellt, till att i dag satsa på framtidsverkstäder som "ska vara implementerande själva".

För att bibehålla sin identitet ser ledarna vissa faktorer som avgörande. En viktig aspekt som nämns är ledarskapet. Värdegrunden måste "börja uppifrån" och genomsyra organisationen hela vägen, säger en av ledarna. Hen menar att det är centralt att högsta ledningen, inklusive generalsekreteraren och ledningsgruppen, aktivt talar om och lever värderingarna. Vidare betonar ledarna, som redan nämnt, vikten av att EH vårdar sin historia och berättelsen om Erik Nilssons vision. Samtidigt arbetar Erikshjälpen med att vara relevant i nutiden och rekrytera brett. Man vill öka mångfalden bland anställda utan att tumma på värderingarna.

Balansgången märks också i kommunikationen utåt, där man ibland tonar ned det konfessionella språket för att inte missförstås. Helhetsbilden utifrån samtalet med ledarna är att de ser sin kristna värdegrund – kärleken till medmänniskan – som själva hjärtat i identiteten, samtidigt som EH är noga med att denna kristna värdegrund översätts till universella principer som delas brett i samhället.

HOT

En utmaning som ledarna nämner är finansieringen – trots stora egna intäkter är Erikshjälpen beroende av gåvor och offentliga medel för att växa. Det finns en balansgång gentemot kommuner. Om EH uppvisar god ekonomi kan det hända att offentliga "kranar" inte öppnas, samtidigt som långsiktiga projekt kräver myndigheters ekonomiska stöd. EH har därför efterlyst att kommuner medfinansierar satsningar som till exempel *Framtidsverkstäder* för att säkra hållbarheten.

Ett relaterat dilemma är att det offentliga ibland tar idéburna insatser för givna. En ledare beskriver hur staten sparar pengar genom att frivården låter dömda avtjäna straff i EH:s butiker – med ett väldigt gott resultat – utan att organisationen får extra resurser för detta.

En annan utmaning hänger samman med EH:s kristna identitet i ett sekulärt samhälle. Flera medarbetare vittnar om att ordet "kristen" kan väcka skepsis. En ledare beskriver att vissa aktörer "är nästan inte beredda att lyssna vidare" när de hör att organisationen har en kristen grund. För att inte stänga dörrar väljer EH i vissa sammanhang att tona ned det konfessionella. En ledare beskriver hur EH i platsannonser gentemot Arbetsförmedlingen har ersatt formuleringen "kristen värdegrund" med "Erikshjälpens värdegrund":

> Vi väljer att i alla våra annonser gentemot Arbetsförmedlingen att ta bort ordet "kristen värdegrund" och ersätta det med "Erikshjälpens värdegrund" för att den kommer inte att slå igenom annars, om det ordet finns med. Så det är ju en anpassning vi gör för att överhuvudtaget nå någonstans.

Detta illustrerar en spänning som ledarna beskriver i att vara en organisation med kristna rötter – man riskerar att tappa samarbeten och sökande om man uppfattas som en religiös organisation.

Samtidigt finns utmaningar internt kring hur värdegrunden ska tolkas i en modern kontext. I intervjun framkommer att anställda diskuterar exempelvis HBTQ-frågor och inkluderande språk. En medarbetare menar att EH ibland uttrycker sig på sätt som inte inkluderar ”alla barn” (till exempel när man bara talar om flickor och pojkar) och efterlyser ett bredare människorättsperspektiv. En ledare beskriver att organisationen strävar efter att ”bredda sig lite ur ett mänskliga rättigheter-perspektiv” för att ingen ska känna sig exkluderad. Samtidigt behöver EH ta hänsyn till sin stödjarkrets. En oro som nämns av en ledare är att frikyrkliga givare skulle kunna sluta skänka pengar om EH tar alltför tydlig ställning i kontroversiella frågor. Man balanserar därför noggrant: HBTQ-frågor finns med internt och i styrdokument, men är inte det man ”frontar främst” utåt. Denna strategi, som en ledare beskriver som att vara ”lite street smart”, syftar till att EH kan ”nå brett” utan att förlora sin grundläggande värdegrund.

RELIGIONSMÖTEN

Religion beskrivs av ledarna som en naturlig del av Erikshjälpens vardagliga arbete, både inom organisationen och i samverkan med omgivningen. Internt finns medarbetare och volontärer med olika livsåskådningar som möts i det dagliga arbetet. Ledarna understryker att alla anställda förenas av EH:s värdegrund ”oavsett vad man själv tänker och tror”.

I flera av EH:s butiker möter personal och volontärer kristna uttryck i vardagen, något som hanteras med frivillighet och respekt för olika livsåskådningar. Hälften av second hand-butikerna drivs i partnerskap med lokala församlingar, vilket innebär att volontärer och personal ofta deltar i kristna praktiker. I vissa butiker inleder man arbetsdagen med en kort andakt eller bön, medan det i andra inte förekommer alls. När bönemöten hålls betonas frivilligheten – ”det är inte så att ’nu är det din tur att be’” förklaras det av en ledare.

Internationellt arbetar EH med många lokala, trosbaserade organisationer. Över hälften av deras partnerorganisationer utomlands är kristna, och man ser det som naturligt att ”stötta de kristna organisationer som vill göra rätt och gott” i världen. Samtidigt beskriver ledarna att EH väljer partners utifrån behov, inte enbart tro. En ledare uttrycker att, även om hen inte är helt säker, tror att EH samverkar med muslimska organisationer internationellt.

Även om religionsmöten inte fick mycket utrymme i intervjun med EH visar ledarna en öppenhet för interreligiöst samarbete. Ett tydligt exempel på detta är hur en av ledarna beskriver händelsen i Råslätt (Jönköping) 2022, då den islamfientlige provokatören Rasmus Paludan skulle bränna Koranen. Ledaren lyfter fram hur civilsamhället då ”gick ihop ... med kyrkorna i spetsen, inklusive moskén och dess företrädare” för att mana till lugn och sammanhållning. Detta lyfts fram som ett exempel på religionsmöte i positiv bemärkelse – kristna och muslimer agerade tillsammans för det gemensamma bästa. Sammanfattningsvis verkar ledarna medvetna om att de sitter på ett slags religiös kompetens och förtrogenhet med levd tro som är viktig för människor från andra kulturer.

HELA MÄNNISKAN

Som redan nämnts genomfördes inte någon fokusgruppsintervju med Hela människan (HM). I stället gjordes en intervju med en av ledarna i HM:s rikskansli.

BIDRAG TILL SAMHÄLLET

Ledaren för HM beskriver organisationens samhälleliga bidrag som omfattande och mångfacetterat. HM fungerar som en brygga mellan kyrkor, civilsamhället och det offentliga genom diakonala insatser riktade till människor i social utsatthet. Verksamheten spänner från akut hjälp – till exempel mat, kläder och en trygg gemenskapsmiljö i lokala öppna verksamheter – till mer långsiktiga insatser som rehabilitering, arbetsintegrerande projekt och psykosocialt stöd. Ett centralt perspektiv som ledaren betonar är att HM möter människor där de är, utan krav på prestation eller förändring. Människovärdet sätts i fokus oavsett livssituation. Människor får komma till HM precis som de är – ”man får vara, utan att vara produktiv”, förklarar ledaren – till och med om de är påverkade av droger, så länge de inte stör andra. Att erbjuda denna lågtröskelgemenskap beskrivs som ett värdefullt bidrag i sig, eftersom få andra aktörer tillåter det på samma sätt.

Ett konkret exempel på HM:s samhällsbidrag återfinns i en relativt nystartad lokal enhet i en mindre stad. Ledaren beskriver hur den öppna verksamheten snabbt blivit oumbärlig för många utsatta. Varje dag serveras frukost i Frälsningsarméns lokaler till omkring trettio besökare i alla åldrar. Flera av dem – från en 23-årig kvinna med långvarigt missbruk till ensamma äldre – beskriver verksamheten som sin ”familj” i avsaknad av annan familj. Utöver den öppna gemenskapen har HM, i samarbete med kommunen och Arbetsförmedlingen, startat ett snickeri på platsen som ett arbetsintegrerande projekt. Unga personer i riskzonen får komma och arbeta med trä, för att närma sig arbetsmarknaden och genomgå rehabilitering. Ledaren berättar att effekten av HM:s närvaro har uppmärksammats av kommunens företrädare – lokala politiker har uttryckt att ”Hela Människan kan vara det bästa som har hänt [staden]”. Ledaren säger att kommunledningen har respekt för HM eftersom de ser att ”det funkar”:

> De har förtroende ... för verksamheten och de ser att det funkar och människor kommer i arbete och blir hela, och det finns någon som plockar upp om någon ramlar. Det där, det finns ju inte hos någon annan aktör. Någon enskild liksom vårdinrättning eller så, utan här samarbetar man ... Där fixar de så att man skriver på hos kommunens handläggare att de får dela information om den här personen med Hela Människan, så att alla går samman om den här personen. Så att du vet kommer man inte till sitt jobb då på morgonen, då blir man uppringd av allihop ... det har gjort under med de här människorna liksom. De bara men vi har aldrig haft såhär många som kommer i arbete. Det här går liksom för fort för oss.

Ledaren framhåller att den uthållighet och helhetssyn som präglar HM:s arbete ofta saknas i offentliga insatser, vilket gör att HM uppskattas som ett värdefullt komplement. Ledaren säger att kommunen aviserat intresse av att utöka samarbetet genom att starta fler Idéburet offentligt partnerskap (IOP) med HM, baserat på förtroendet för verksamheten och det goda resultatet.

På andra håll i landet samarbetar HM med kommuner, Arbetsförmedlingen och andra aktörer för att stödja människor i utsatthet att komma tillbaka till arbetslivet. Lokala HM-enheter bedriver till exempel sociala företag och arbetsträning, där deltagare under trygga former får utvecklas mot ökad självständighet. Genom denna typ av arbetsintegrerande sociala insatser bidrar HM till att minska utanförskap och beroende av bidrag. Samtidigt framhåller ledaren att HM:s mål inte i första hand är att göra människor till produktiva samhällsmedborgare; snarare handlar det om att ge dem ett sammanhang och en känsla av värde. Att ”låta människor vara kvar” i gemenskapen så länge de behöver, även om de inte går till arbete eller rehab direkt, ses som en viktig uppgift i sig. Denna uthålliga närvaro – att finnas kvar dag efter dag, år efter år för de mest utsatta – är något som ledaren menar att HM bidrar med till samhället.

Ledaren betonar också att HM har en viktig roll som erfarenhetsbärare och opinionsbildare. Genom att dokumentera och sprida berättelser från dem man möter – exempelvis via podcasten *Tusen röster* – bidrar organisationen till att synliggöra social utsatthet och påverka den offentliga debatten. På så vis vill HM bidra till en bredare förståelse för hemlösas, missbrukares och andra marginaliserade gruppers situation och behov, samt ”verka för politiska förändringar” i linje med dessa erfarenheter. HM ser sig därmed inte bara som utförare av socialt arbete, utan även som en röst för de utsatta i samhällsdebatten.

IDENTITET

Ledaren framhäver att organisationens identitet bygger på en ekumenisk grund och en stark teologisk förankring i Jesus människosyn. Ledaren sammanfattar ändamålsparagrafen enligt följande: ”Vi jobbar för och tillsammans med människor i utsatt livssituation, med Jesu människosyn som förebild, inspiration och källa till kraft.” Ledaren betonar att Hela Människan är en plats för ömsesidig sårbarhet, där både de som ger hjälp och de som tar emot hjälp kan erkänna sin egen trasighet.

Den kristna människosynen lyfts fram, inte minst i reflektioner om vilken typ av människor som HM vill ”skapa” genom sin verksamhet.[57] Ledaren betonar att även om HM rent politiskt ofta utför diakonalt arbete som handlar om folkhälsa och arbetsmarknadsintegrerande insatser, så är det människovärde och mänskliga rättigheter som allting till syvende och sist handlar om. HM kan vara duktiga på att koppla sin verksamhet till de globala målen och Agenda 2030 när de redovisar sin verksamhet, men det är människosynen som allt faller tillbaka på:

> Så visst, vi måste stärka förutsättningarna för de här personerna att, kanske vilja komma tillbaka till att bli produktiva i samhället, men det är inte vårt mål att man ska vara just produktiv utan Hela Människans uppgift är ju snarare såhär, man får vara, utan att vara produktiv.

Här ser vi hur ledaren kontrasterar HM:s mål med sin verksamhet med målen från det offentliga om att människor ska ”bli produktiva i samhället”.

Ledaren berättar även att hen hör berättelser från de lokala verksamheterna där man frågar varför HM inte håller på med rehab. Varför går de inte vidare och drar till sig andra kompetenser. Här menar ledaren att HM:s uppgift primärt handlar om att låta människor få komma och få vara kvar, även om de inte är produktiva:

> Men också liksom i det här att vara kvar och att låta människor vara kvar är en uppgift i sig ... där kommer ju alla människors lika värde på sin spets. Att vi tycker faktiskt att nån är lika mycket värd som vi själva fast man inte producerar. Det är inte målet i sig.

Vi ser i citatet att det är i mötet med människor som inte är produktiva som frågan om mänskliga rättigheter och alla människors lika värde sätts på sin spets. Ledaren betonar att det kan vara ”lite provokativt i förhållande till myndighetsuppdrag” när HM betonar att deras mål inte är att människor ska bli produktiva. Samtidigt lyfter ledaren fram att HM självklart jobbar med att människor ska bli självständiga och leva ett så

---

[57] Uttrycket ”vill skapa” kommer inte från materialet utan från Linde, ”Välfärdsstat”.

helt liv som möjligt. För HM blir det viktigt att betona att de går bredvid människor och när någon själv vill bli drogfri och gå till arbetsförmedlingen, går HM med. Men det är inget krav från HM att man ska vara drogfri eller vara på väg till arbete för att man ska få vara med. Det finns människor som kommit till HM i 25 år och som kommer fortsätta vara där tills de dör.

För att upprätthålla sin identitet betonar HM ekumeniken. Ledaren menar att HM skiljer sig från många andra diakonala organisationer genom att verka över samfundsgränser – huvudmännen inkluderar både frikyrkor, Svenska kyrkan och Katolska kyrkan. Detta ekumeniska samarbete ser ledaren som avgörande för HM:s trovärdighet och unika roll. Diskussioner har förts om att tillåta individuellt medlemskap i stället för församlingars huvudmannaskap, men nationellt har man avvisat sådana idéer för att bevara den ekumeniska profilen.

Vidare betonar ledaren vikten av att bevara och utveckla den interna strukturen. Genom digitalisering och förstärkt administrativ kompetens har organisationen förbättrat sin styrning och fått större flexibilitet att anpassa verksamheten efter aktuella behov. Kvalitet prioriteras framför kvantitet, och en mer enhetlig organisationsstruktur har införts för att säkerställa att alla verksamheter delar samma grundläggande värderingar.

HOT

Ett av de främsta hoten som ledaren nämner är risken för urvattning av den ekumeniska identiteten. Som nämnts ovan har det på lokal nivå funnits diskussioner om att öppna upp Hela Människan för individuellt medlemskap i stället för att enbart bygga på samfundens huvudmannaskap. Ledaren ser en fara i detta. Om den unika ekumeniska samarbetsmodellen försvagas kan HM förlora en del av sin särprägel och breda förankring. Därför har man nationellt varit tydlig med att ekumeniken är icke-förhandlingsbar – den betraktas som en grundläggande princip som måste värnas.

Ett annat hot utgörs av förväntningar från externa aktörer, såsom kommuner och myndigheter, att HM i högre grad ska fokusera på till exempel rehabilitering och produktivitet i stället för att bara erbjuda en tillåtande gemenskap. HM upplever stundtals påtryckningar om att leverera resultat i form av människor som blir drogfria eller kommer i arbete. Ledaren betonar att HM aktivt motstår denna förskjutning:

> ... då behöver inte vi hålla på med rehab för det ska samhället göra ... Ja och då blir man ju annars också medberoende, ett begrepp vi håller på med mycket. Ibland kan man bli medberoende med en kommun som inte gör det den ska, genom att lösa allting bara för att bli poppis, kanske få mer bidrag. Det är ju inte så konstigt att man vill det, om man kan det. Men kanske inte alltid man ska.

I citatet ovan blir det tydligt att ledaren verkar säker på vad HM ska göra och vad hen tycker att kommunen ska göra.

Under intervjun lyfter ledaren fram Göteborgs Räddningsmission som ett exempel på en organisation som valt att bredda sitt engagemang genom att starta en idéburen skola. Själv ser ledaren inte detta som HM:s väg:

> Vi behöver finnas kvar där golvet är som lägst. Det kommer alltid finnas organisationer som bygger nytt och stort – och det behövs. Men vår uppgift är att finnas kvar tills vi inte längre behövs.

Som en bild för att ”finnas kvar” hänvisar ledaren till Ylva Eggehorns psalm *Innan gryningen*, där människan bygger katedraler högt mot himlen, medan Gud ständigt stiger längre ner. För ledaren blir detta en symbol för ett diakonalt uppdrag som handlar om att finnas kvar nära de mest utsatta – där behoven är som störst och där andra kanske inte vill eller kan vara. Snarare än att värdera olika typer av diakonalt engagemang som mer eller mindre viktiga, betonar ledaren vikten av mångfald i civilsamhället, där olika aktörer fyller olika roller utifrån sina resurser och sin identitet.

Samtidigt som ledaren ser positivt på att andra diakonala aktörer startar skolor är hen kritisk till retoriken om att kyrkans roll i välfärden skulle handla om en ”omförhandling”. När jag under intervjun använde projektets arbetsnamn ”Omförhandling pågår” – som syftar till att beskriva hur frikyrkliga organisationer i ökande grad blir aktiva välfärdsaktörer – uttryckte ledaren viss skepsis:

> Jag studsar lite på den retoriken ... det där med omförhandling av samhällskontraktet har blivit så populärt. Ibland luktar det lite att man vill vara med där de stora leker.

För ledaren handlar frågan inte i första hand om att förhandla om sin roll gentemot det offentliga, utan om att vara förankrad i sina egna värderingar. Ledaren betonar vikten av att som kyrka och diakonal organisation veta vad som *inte* går att kompromissa med – att vara ”väldigt klar över vad vi inte går med på, vilka värderingar vi inte låter oss styras av”. HM:s hållning uttrycker därmed en självklarhet i uppdraget: att delta i välfärdsarbetet, men utan att förlora sin identitet i processen.

Ledaren kopplar även samman det mer entreprenöriella välfärdsarbetet – där kyrkliga organisationer till exempel startar skolor och tar emot pengar från kommun och företag – med en maskulin retorik. Ledaren menar att då blir den mer klassiska diakonin det kvinnliga omhändertagandet medan en entreprenöriell klick inom kyrkorna, med toppkontakter inom näringslivet, bygger torn som får mycket uppmärksamhet och därmed blir organisationerna populära.

RELIGIONSMÖTEN

Religionsmöten inom Hela Människan sker framförallt genom att HM är rotad i en kyrklig miljö men verkar brett i samhället. I praktiken innebär det att HM:s lokala enheter ofta samarbetar med församlingar, och att det i verksamheterna förekommer kristna inslag. Exempelvis kan pastorer komma in och ha andakt i de öppna verksamheterna.

Även om just HM inte driver specifika interreligiösa projekt, är hållningen att öppenhet för samverkan över religionsgränser är viktig. Ledaren ger exempel från flyktingkrisen 2015 och hur frikyrkorna ”kunde leverera” på ett exceptionellt sätt. Ledaren beskriver den beredvillighet och önskan att vara ”Jesus händer” som finns i många frikyrkor som helt makalös. Ledaren ger uttyck för att hen önskar att HM:s miljö ska upplevas som trygg och tillåtande även för icke-kristna, vilket i sig ses som ett uttryck för kristet kärleksbudskap.

GÖTEBORGS RÄDDNINGSMISSION

BIDRAG TILL SAMHÄLLET

Ledarna beskriver Göteborgs räddningsmission (GR) som en bred aktör inom socialt arbete på kristen grund, verksam i storstadsmiljö. Ledarna betonar att GR:s kärna är att göra en positiv skillnad för utsatta människor och samhället i stort. Flera av dem beskriver drivkraften i arbetet som möjligheten att göra någonting gott för andra människor och motverka utanförskap. Organisationen ses som ett medel att föra in människor i gemenskap och minska de klyftor som leder till social isolering. Till exempel framhåller en ledare att det unika med arbetet är att få skapa sammanhang där olika typer av människor får ”finnas med” och känna tillhörighet.

En återkommande idé i samtalet är att arbetet i GR skapar meningsfullhet – både för dem man hjälper och för de anställda. En av ledarna beskriver sin personliga kallelse att förbättra världen och lämna den ”i ett kanske något bättre skick” än man fann den. Hen menar att i organisationen ”råder inte brist på meningsfullhet”, trots att arbetet kan vara krävande.

Flera ledare uttrycker även stolthet över att organisationen hittar lösningar på svåra sociala problem. En av ledarna nämner att hen ofta känner sig stolt när organisationen ”gör lösningar i ganska komplexa problem”, vilket gör att hen upplever att deras insatser verkligen betyder något. Denna problemlösning exemplifieras av att GR driver konkreta projekt (hen nämner till exempel projektet *Maträtt*, som adresserar sammansatta utmaningar som hemlöshet, matsvinn, arbetslöshet och segregation).

Ledarna ser också organisationen som en bro mellan olika delar av samhället. De beskriver hur de verkar i nära samarbete med offentliga aktörer men behåller sin fristående roll. En ledare betonar att de medvetet undviker att ”ta över ansvar som ligger på staten eller kommunen”, eftersom detta riskerar att urholka det skattefinansierade systemet. Samtidigt påpekar ledarna att spänningar kan uppstå om organisationen ”utmanar det offentliga för mycket”, till exempel genom att ge sig in i skolverksamhet där kommunen brister.

Enligt ledarna märks GR:s bidrag också i hur de kombinerar professionellt socialt arbete med ideellt engagemang. Som en idéburen organisation integrerar de frivilliga krafter i verksamheten, vilket både breddar kontaktytorna i samhället och förstärker effekten av varje satsad resurs. I intervjun diskuteras hur volontärer medverkar i till exempel läxhjälp, socialt företagande eller som vänvolontär på serviceboenden.

Ledarna beskriver hur GR tar sig an aktuella samhällsutmaningar. Under flyktingkrisen 2015 involverades GR i insatser för att integrera nyanlända göteborgare i arbetslivet. Man försökte exempelvis systematisera kyrkornas informella nätverk – som visat sig effektiva i att hjälpa nyanlända få jobb – genom ett projekt med kommunen. Även om just det projektet stötte på hinder (det visade sig svårt att ”trycka in” församlingsgemenskapens effekter i en formell projektstruktur), illustrerar det GR:s innovationsvilja och roll som brobyggare mellan församlingar och myndigheter. GR driver också skolverksamhet och har engagerat sig i debatten kring konfessionella friskolor. En ledare nämner att GR ibland ”går in och pekar på” brister i skolor som inte fungerat på länge, och därigenom utmanar man det offentliga att ta ansvar – eller erbjuder själva lösningar när det krävs.

IDENTITET

Samtliga ledare betonar på olika sätt att det är organisationens kristna grundsyn som utgör dess själ och sammanhållande ram. En av ledarna uttrycker det som att den kristna värdegrunden är ”väggarna i vårt arbete” som man lutar sig mot när det stormar. Ledaren understryker att hen inte kan se organisationen existera utan en kristen värdegrund – ”vad är vi då?”.

Samtidigt betonar de att denna identitet är inkluderande till sin natur. Just den kristna identiteten beskrivs som något öppet och inbjudande snarare än exkluderande. Exempelvis påpekas att människor utan egen tro ändå känner att det är lätt att delta i organisationens gemenskap eftersom ”det är så öppet. Här får du fundera, här får du utvecklas, här får du tro”.

För att bibehålla identiteten över tid arbetar organisationen medvetet med sina värderingar och ritualer. Ledarna beskriver hur värdegrunden kommuniceras och konkretiseras i vardagen, både för medarbetare och volontärer. En ledare berättar att hen vid introduktion av en nyanställd betonade just frågan ”vad är kristen värdegrund?” och använde organisationens ”värdegrundsträd” för att förklara ”rötterna, riktningen och frukterna det ger”. Ledarna menar att det finns en substans och styrka i denna kristna värdegrund som ger organisationen en stabil kompass. En ledare påpekar att många organisationer famlar efter sina kärnvärden och hur man ska ”skapa gemenskap”, medan ”vi har redan massor att utgå ifrån” i vår tradition.

När ledarna samlades för interna ledardagar noterades det att ”alla pratar om värdegrunden” naturligt, vilket enligt ledarna tyder på att den genomsyrar organisationen. En konkret metod för att upprätthålla identiteten är införandet av små ritualer och andakter i verksamheten. Ledarna beskriver till exempel hur personalen samlas varje måndag för en gemensam samling med ”avstamp någonstans i vår värdegrund”. Någon läser en utvald text (inte nödvändigtvis religiös, men meningsfull), man reflekterar tillsammans och tänder ljus. De som vill får symboliskt lägga fram sina tankar eller be, medan andra deltar på sitt sätt. Denna typ av återkommande ritual skapar en känsla av ”trygga sammanhang” för trosfrågor, utan att tvinga någon att delta i konfessionella moment.

Ledarna framhåller att just sådana ritualiserade inslag skapar trygghet genom att alla vet ”vem vi är” och vad som utmärker organisationen. Ritualerna manifesterar med andra ord identiteten i praktiken och hjälper till att befästa den. Även i mer informella sammanhang kommer identiteten fram. En av ledarna nämner exempelvis en frivillig fredagsfika där personal spontant delar ”veckans vittnesbörd” (positiva händelser) och sjunger tillsammans – allt från Håkan Hellström till Abba, men med en gemensam känsla av tacksamhet och glädje.

En viktig faktor för att bibehålla identiteten är också tydlighet gentemot nya medarbetare. Ledarna förklarar att man i rekrytering och introduktion är noga med att framhålla organisationens kristna grund och vad den innebär i praktiken. Anställda behöver känna sig bekväma med att arbeta i en miljö där man kan komma att ”bli utsatta för böner eller psalmsång” vid gemensamma samlingar. Som en av ledarna uttrycker det: ”Sedan får du tro vad du vill, men det är den här värdegrunden vi har”, och nästan ingen invänder mot den premissen – tvärtom uppfattas det ofta som en styrka oavsett livsåskådning. Genom denna tydlighet menar ledarna att man undviker missförstånd och konflikter. Tidigare, när organisationen var mer otydlig med sin profil, kunde anställda känna obehag inför andakter på personalmöten, men ”sedan vi blev mer tydliga” har sådana problem i princip försvunnit, säger en ledare.

Ledarna beskriver också organisationens identitet som dynamisk men sammanhållen. Räddningsmissionen beskrivs av en ledare som en ”hybrid” eller en plats där ”många världar” möts inom ramen för samma uppdrag. Personalen och volontärerna kommer från olika kyrkliga traditioner – allt från frikyrkor som till exempel Hillsong och Equmeniakyrkan till Svenska kyrkan – men enas i det gemensamma diakonala målet. Organisationen fungerar därmed ekumeniskt, som en plattform där olika kristna uttryck kan samverka. Även om GR har sina rötter i svensk frikyrklighet är identiteten i dag brett kristen snarare än knuten till ett samfund. Denna ekumeniska öppenhet framhålls som något positivt av ledarna – det möjliggör att man kan fokusera på ”det som för oss samman” i stället för det som skiljer. Sammantaget bibehålls organisationens identitet genom en kombination av klarhet i värdegrund, levande ritualer, inkluderande kultur och ständig dialog om vilka man är. Detta menar ledarna ger en stabil självkänsla i organisationen: ”det här är vår särart och det tror jag skapar en trygghet. Vare sig man tror eller inte”.

Utöver det värdemässiga framhåller ledarna även vissa strukturella identitetsdrag som man vårdar. Räddningsmissionen beskrivs som ideellt driven och organisk, i kontrast till både offentliga verksamheter och vinstdrivande aktörer. En ledare påpekar att en styrka med att de ”tror på någonting" är att det ger en god organisationskultur, något som kan vara svårt att få fram i en kommunal förvaltning. Hen menar att eftersom de inte styrs av kortsiktiga politiska beslut eller krav på ekonomisk avkastning, kan kulturen växa mer organiskt utifrån värderingarna. Det "är annat som motiverar oss", säger hen, och antyder att detta ger en långsiktig stabilitet och fokus på uppdraget i stället för externa krav. Även den platta organisationens fördelar nämns – ledarna är tillgängliga och nya idéer välkomnas – vilket bidrar till identiteten av en snabbrörlig och samarbetssökande organisation.

HOT

Trots stoltheten över identiteten är ledarna medvetna om flera hot och utmaningar som kan riskera att urvattna eller försvåra bevarandet av GR:s särart. Ledarna diskuterar till exempel specifika utmaningar de har stött på i projekt och verksamheter. Exempelvis nämns svårigheter med korta avtalsperioder inom läxhjälpen på skolor och hur det påverkar barnen. En ledare uttrycker:

> Det som vi har sagt är att nu vägrar vi gå in i avtal som är kortare än ett år för att det är inte bra för barnen att sitta och inte veta om vi inte kommer vara där nästa termin eller inte.

Här beskriver ledarna det offentligas ombytlighet som ett tydligt hot mot GR:s särart och deras sätt att bygga långsiktiga relationer med barnen som deltar i läxhjälpen.

Ledarna diskuterar även utmaningar i samband med att delta i upphandlingar och teckna ramavtal. Det nämns att ibland stämmer inte beställningsbilden överens med verklighetens behov, och ramavtal kan bli föråldrade eller svåra att anpassa. En ledare delar sina tankar:

> Jag tänker att vi väljer att inte gå in i vissa upphandlingar när vi ser att beställningsbilden svarar inte mot verklighetens behov och prislappen som ligger på där.

Detta uttalande illustrerar den balansgång som ledarna beskriver att de behöver navigera i relation till offentlig sektor. Att välja bort upphandlingar blir ett sätt att värna om integritet och professionalitet – de vill inte kompromissa med kvalitet eller människosyn för att passa in i en mall som upplevs som otillräcklig.

En annan utmaning som förs på tal är det rådande samhällsklimatet kring religion. En ledare beskriver att det inte alltid är så enkelt att prata om religion, särskilt inte ”i det samhällsklimat som vi är i”.

En ledare som hanterar upphandlade verksamheter beskriver en konkret begränsning: i många avtal står det uttryckligen att här ska det inte vara några ”konfessionella inslag”, vilket direkt inskränker utrymmet för organisationen. Detta innebär en ständig avvägning – hur kan den kristna prägeln bevaras i det dagliga arbetet utan att bryta mot regler eller provocera uppdragsgivare? Ledarna försöker ”ändå ... skapa de här mötena, skapa utrymmet ... utifrån värdegrunden”, men medger att det inte alltid är enkelt.

Även om ledarna har respekt för kravet om att det inte får förekomma ”konfessionella inslag” i vissa verksamheter, går de inte med på att beskriva organisationen som icke-konfessionell – vilket det ibland finns önskemål om. En ledare beskriver en ”rolig dispyt” med kommunala jurister kring ett IOP-avtal där juristerna ville beskriva GR som en ”icke-konfesionell” organisation:

> Jag tog bort den formuleringen och tänkte att det kommer säkert ingen reagera över, men då hade de kommunala juristerna sett att vi tagit bort den så de lade in den igen och då ... då tog vi strid för att det är helt orimligt att tänka sig Räddningsmission – vi är en kristen organisation. Det är det här som är vår motivation och vår drivkraft är vår kristna tro och att ta bort det går inte.

Händelsen tydliggör den spänning som ledarna beskriver kan uppstå mellan offentliga krav på icke-konfessionell verksamhet och organisationens egen förståelse av sin identitet.

Ett angränsande tema är hur en av ledarna lyfter att muslimska trossamfund och skolor har blivit ”ganska hårt ansatta” under senare år. En ledare säger att ”det börjar med muslimerna, men det kan lika gärna vara oss det faller på om fem år”. Här refererar ledaren till debatten om religiösa friskolor och uppmärksamheten kring en muslimsk ungdomsledare, där hen menar att samhället har varit hårt dömande. Ledaren uppfattar detta som ett hot mot den grundläggande religionsfriheten och mot möjligheten att verka utifrån en religiös identitet. Ledaren efterlyser att kyrkorna borde stå upp mer för muslimska organisationers rätt att existera, då det i förlängningen skyddar alla trossamfund.

Ett annat identifierat hot är relaterat till relationen med det offentliga och dess förväntningar. Ledarna noterar att om de kliver för långt in på statens domäner – till exempel genom att driva skolor där kommunala skolor misslyckats – kan det skapa ”misstänksamma ögon” från myndigheter. En av ledarna berättar att när de föreslog att ta över en skola för att ge den utsatta elevgruppen en chans, möttes initiativet av större skepsis än när de driver verksamheter som härbärgen – något som det offentliga förväntar sig att de gör. Ledarna upplever att så länge de håller sig inom de ramar som kompletterar det offentligas insatser är det ”inte lika känsligt”. Men om de utmanar rådande ansvarsfördelning, riskerar de konflikt. Ledarna bemöter detta genom dialog och genom att ”spela med systemet” där det behövs, men spänningen finns där och kräver ständig förhandling.

En mer intern utmaning för särarten är att behålla den ideella glöden och det personliga engagemanget i takt med att organisationen växer och professionaliseras. Man vill inte mista det som en ledare kallar ”blödande hjärtan”, det vill säga den empati och spontana barmhärtighet som driver mycket av verksamheten. Samtidigt betonar ledaren att som institution och en del av välfärden måste man också arbeta utifrån principer om jämlikhet och rättvisa – vilket ibland kan stå i kontrast till den spontana barmhärtigheten. Att hålla balansen mellan hjärta och hjärna, mellan spontan medmänsklighet och strukturerad professionalitet, är en kontinuerlig utmaning. Ledarna verkar medvetna om detta och ser det som en del av organisationens ”utmaningar hela tiden”, men samtidigt något de ”gillar” eftersom det motiverar dem att hitta lösningar.

En specifik utmaning som togs upp är svårigheten att engagera församlingsmedlemmar från de kyrkor som är huvudmän. Trots att församlingarna stöder Räddningsmissionen på ett övergripande plan, nämns att de flesta redan är fullt upptagna av sitt församlingsliv och familjeliv, vilket gör det ”jättesvårt egentligen att hitta personer där som vill engagera sig” som volontärer eller familjehem. Ledarna erkänner att det finns en önskan att församlingarna skulle ta ett större diakonalt ansvar tillsammans med dem, men att det i praktiken är utmanande att realisera fullt ut. Spänningar kan också uppstå i förväntningar mellan församlingar och GR – de verkar i olika skala och med olika frågor, vilket kräver förståelse från båda håll.

RELIGIONSMÖTEN

Ledarna ger en rik bild av hur religionsmöten kommer till uttryck i GR:s vardagliga arbete. Religionsmöten kan här förstås på flera sätt: dels hur organisationens kristna tro och praxis möter personal, volontärer och brukare, dels hur man interagerar med andra religiösa grupper i samhället. Under intervjun belystes båda aspekterna.

Under intervjun beskriver ledarna hur GR erbjuder mötesplatser och gemenskaper med ett tydligt religiöst innehåll. Ett framträdande exempel som lyfts är *Soppmässan* – en enkel gudstjänst med måltid. Till mässan kommer människor med väldigt olika bakgrund, allt från hemlösa till studenter. En ledare säger att även om man ”samlas kring mässan och ordet” så handlar det om att skapa en ”inkluderande gemenskap”. Samma ledare säger även att hen gillar riktningarna som finns i värdegrunden ”att det får ta sig något uttryck i verksamheten som organisation bär tillsammans”. Ledarna berättar även att de har medarbetare som är muslimer och att personalen i övrigt rymmer en ”massa blandningar” av livsåskådningar, även om man sällan kategoriserar dem i vardagen.

När det gäller formell samverkan med andra religiösa organisationer (utanför den kristna sfären) är bilden att det hittills skett i liten skala. Däremot identifierar ledarna detta som ett utvecklingsområde: ”vi skulle behöva bli bättre på religionsdialog”, säger en av ledarna. En annan ledare instämmer att både organisationen själv och kyrkorna som står bakom dem bör ta mer initiativ till genuin religionsdialog med till exempel muslimska församlingar. Här framgår en ambition att framöver skapa fler mötesplatser mellan religioner i samhället, där GR kan fungera som brobyggare. Faktum är att en ledare beskriver detta som en del av GR:s kall. GR ”kan vara en sådan här brobyggare” mellan samhällsgrupper. Bakgrunden är bland annat händelser i Göteborg där tilliten mellan muslimska grupper och majoritetssamhället skadats. Ledaren anser det sorgligt att kyrkan inte backade upp muslimernas sak mer.

HYLLIE PARK TALENTBYRÅ

BIDRAG TILL SAMHÄLLET

Ledarna beskriver att Hyllie Park Talentbyrås (HTB) samhällsbidrag består i att man kombinerar professionell arbetsmarknadsservice med personligt stöd och ideell förankring. Till skillnad från en vanlig Arbetsförmedling eller kommersiell jobbförmedlare, vill HTB se hela människan och ge ”något mer” till deltagarna. Ledarna beskriver att HTB inte har ett ekonomiskt vinstmål – även om verksamheten måste gå runt – utan drivs av ett socialt uppdrag. En ledare menar att HTB i mötet med deltagarna ”ger dem hopp” och förmedlar en människosyn som värderar dem utöver deras omedelbara ”nytta” på arbetsmarknaden. HTB vill inte bara få ut folk i jobb snabbt, utan också stärka deras tro på sig själva och framtiden.

Ledarna beskriver att HTB adresserar två stora samhällsfrågor: integration och arbetslöshet. Genom att många av HTB:s deltagare är utrikesfödda kombineras språkutveckling och kulturförståelse med jobbsökandet. HTB har ett tätt samarbete med flera lokala församlingar. Detta gör att församlingars resurser (språkcafé, volontärer, nätverk) flätas samman med HTB:s program. Ledarna beskriver således att bidraget till samhället blir dubbelt: deltagarna får både formell hjälp (CV-stöd, praktikplatser, kontaktnät till arbetsgivare) och erbjudande om socialt stöd (gemenskap, språkträning i kafé, kontakt med etablerade svenskar genom volontärer i kyrkan). Denna helhetssyn är något ledarna skulle lyfta fram för politiker om de fick chansen. En ledare beskriver det som ”en helhetssyn på människan”. Vidare säger ledaren att nätverket som finns i HTB och volontärengagemanget gör att ”en satsad krona ger mer hos oss”. Resonemanget är att HTB, genom sin koppling till frikyrkan mobiliserar ideella krafter som ger mervärde till Arbetsförmedlingens insats. Ledarna nämner exempel som att volontärer hjälper deltagare med körkortsteori eller driver språkcafé.

Ledarna beskriver att de drömmer om att de deltagare som ”kämpat länge” ska ”få komma vidare”. Genom motiverande samtal, individanpassad coaching och företagssamverkan hjälper HTB personer att hitta sin väg. En ledare beskriver hur HTB i Simrishamn agerade bro mellan företag och arbetssökande utanför det strikt formella uppdraget. När ett företag behövde personal och HTB inte hade en lämplig deltagare, hjälpte de ändå till genom sitt nätverk – trots att de ”inte fick något rent ekonomiskt för det”. Detta illustrerar hur ledarna beskriver HTB:s inställning: man verkar utifrån ”vad som är bäst för deltagaren”.

IDENTITET

Under intervjun berättar en av ledarna att engagemanget i Hyllia Park Talentbyrå växte fram ur församlingen Skillinge missionshus befintliga relationer med Hyllie Park Folkhögskola och deras SFI-verksamhet. Liknande det sätt på vilket församlingen tidigare engagerat sig i internationell mission, särskilt i Zambia, uppfattade man även detta lokala initiativ som ett uttryck för samma teologiska vision – att möta behov där man befinner sig. En återkommande referens i samtalet är bibelordet från Jer 29:7: ”Gör allt för att den stad jag har deporterat er till skall blomstra …”, vilket formulerar en teologisk övertygelse om att bidra till det gemensamma bästa. Idén till HTB uppstod inte ur ett långsiktigt strategiskt arbete, utan som ett konkret svar på ett upplevt behov. Ledaren beskriver hur detta sätt att agera skapat mening och stolthet i församlingen: ”Det känns meningsfullt för vår församling att finnas med i det här på det här viset.”

Ledarna betonar att HTB:s värdegrund bygger på en kristen människosyn, men erkänner att den inte är starkt formaliserad i dokument. På frågan om HTB:s värdegrund finns formulerad svarar en ledare ”nej, inte på papper”, men kollegor påminner om att i medarbetarpärmen står det att HTB:s arbete ”bygger på en kristen värdegrund”. Det framgår också att HTB har formuleringar om människosyn i sitt informationsmaterial till deltagare – man betonar att ”varje människa har resurser och talanger som är värdefulla”. Denna grundsyn – att varje människa har en inneboende talang och värde – är kopplat till namnet *Talent*byrån och speglar att alla människor är unika skapelser med gåvor.

Ledarna beskriver att församlingskoppling är en stor del av organisationens identitet. Som nämnts kom idén till verksamheten ur en lokal frikyrkas engagemang för integration, som sedan kombinerades med folkhögskolans kompetens. Ledarna drömmer om att HTB om tio år finns ”i många lokala församlingssammanhang”. Ledarna beskriver HTB:s identitet som en förlängning av församlingars diakonala kallelse: man vill hjälpa arbetslösa och nyanlända, precis som församlingar gjort informellt, men i en mer strukturerad form. Ledarna beskriver att HTB bevarar sin identitet genom att fortsätta involvera församlingsresurser (volontärer, lokaler, nätverk) och genom att personalen ofta själva har församlingsbakgrund. Att HTB:s kontor i Kristianstad är inne i kyrkans lokaler gör att miljön präglas av kyrkans atmosfär.[58] Ledarna berättar att deltagarna märker detta genom aktiviteter som språkcaféet, som drivs av församlingen men där även HTB-deltagare bjuds in. Dessutom är några av församlingsmedlemmarna själva deltagare i programmet och arbetssökande.

HOT

Ett tydligt hot mot Hyllie Park Talentbyrå är dess beroende av Arbetsförmedlingen och politiska beslut. HTB utför en tjänst på uppdrag och hela ekonomin kommer från Arbetsförmedlingen. Som en ledare uttryck-

[58] Sedan intervjun genomfördes har HTB tvingats avveckla sin verksamhet i Kristianstad till följd av förändrade riktlinjer från Arbetsförmedlingen.

er: ”Vår uppdragsgivare är Arbetsförmedlingen. De har satt ramarna, de tar besluten, det är där ekonomin kommer ifrån”. Detta innebär att HTB:s existens och form direkt påverkas av arbetsmarknadspolitiska reformer. Om till exempel ”Rusta och matcha”-tjänsten läggs ned, omförhandlas, eller om kraven skärps åt ett håll som inte harmonierar med HTB:s värderingar, så är organisationen sårbar.

Ett annat hot är konkurrensen med privata aktörer. En ledare nämner att det i Malmö finns cirka 50 konkurrenter som erbjuder tjänsten ”Rusta och matcha”. Det innebär att HTB ständigt måste attrahera deltagare. Om HTB inte levererar resultat eller blir mindre attraktiva, riskerar man färre deltagare och därmed lägre intäkter. I intervjun funderar ledarna på ”varför ska de välja oss och inte någon annan?”. Även om många andra aktörer enligt ledarna gör ett bra jobb, finns det också exempel på verksamheter som, enligt deltagarnas egna berättelser till HTB, inte erbjuder tillräckligt stöd. Det som enligt ledarna utmärker HTB är kombinationen av kvalitet och extra engagemang – något som dock kan vara svårt att förmedla i förväg.

Intervjuaren frågar om det finns spänningar mellan att ”gå runt ekonomiskt” och att kanske vilja ge en deltagare mer tid trots att man inte får betalt för det. Ledarna svarar att de hoppas att spänningen inte är så stor – HTB har inställningen att ”göra det som är bäst för deltagaren” även om de inte får betalt för vissa insatser. Exempel gavs på att man låter deltagare gå arbetsmarknadsutbildningar (ingen ersättning under tiden) och att man hjälpt ett företag att rekrytera utanför uppdraget. En ledare nämner att all personal är medveten om målen för hur många som måste ut i jobb, men hittills har man lyckats kombinera hjärta och resultat.

RELIGIONSMÖTEN

Hyllie Park Talentbyrå är ett intressant case för religionsmöten eftersom målgruppen till stor del är personer med migrationsbakgrund, många från muslimska länder, medan organisationen har frikyrklig bakgrund. Detta skapar naturliga interreligiösa möten dagligen. Ledarna beskriver att majoriteten av deltagarna ”inte är svenskfödda”, och många är muslimer. I Malmö och Kristianstad har HTB jobbat vägg i vägg med SFI (Svenska för invandrare) i kyrkans lokaler, så i kyrkan har det ”varje dag varit många muslimer”. En ledare tycker detta är ”oerhört positivt” – det visar samhället något fint, ”att vi visar generositet mot varandra”, och att kyrkan respekterar deras tro. Kommunen var initialt undrande inför folkhögskolans SFI: ”Kommer muslimer vilja studera SFI i en kyrka?”. Det visade sig att många sökte sig dit just för att det var i en kyrka, då de upplevde att de blev respekterade för sin tro där.

Inom personalgruppen har HTB också anställda med muslimsk bakgrund. En ledare nämner att man har kollegor som lägger ut bönemattan under dagen och ber. HTB ger dem ”tiden och respekten” för detta. Man ser det även som en lärande upplevelse för sig själva: ”det var inte självklart för mig från början ... men jag blev medveten om behovet och att ge den tiden”, säger en kristen medarbetare om muslimska bönetider. HTB tar alltså rollen som föredöme för arbetsgivare i hur man kan anpassa arbetsplatsen för religiösa praktiker. En ledare påpekar att om HTB ska hjälpa andra arbetsgivare med integration, måste de själva ”visa hur man kan göra” – och att de nu är en arbetsgivare som gör just detta genom att låta en anställd be på arbetstid.

Att ”visa på att man kan vara olika ... ha olika religioner, men ... samverka” sida vid sida är något de anställda medvetet lyfter fram genom sitt sätt att arbeta. En ledare uttrycker stolthet över att ”här jobbar vi sida vid sida ..., respekterar varandra, lyssnar på varandra och försöker förstå varandra”, och menar att detta ”är viktigt i vår tid”. Således blir själva arbetslaget en plats för religionsmöte: deltagarna ser personal med olika tro samarbeta, vilket sänder en stark signal. ”De ser ju ändå samspelet”, säger en ledare, och tror att ”det betyder mycket”.

SAMMANFATTNING

Genom analyserna av Erikshjälpen, Hela Människan, Göteborgs Räddningsmission och Hyllie Park Talentbyrå framträder en mångfacetterad bild av frikyrklig diakoni i förändring. Var och en av de fyra organisationerna bidrar till samhället på unika men överlappande sätt. Trots olikheter i verksamheternas inriktning, beskriver ledarna samstämmigt sina organisationers identitet som rotad i en kristen människosyn och värdegrund. Samtidigt betonar alla fyra aktörer öppenhet och inkludering: personal och deltagare behöver inte dela tro, så länge de omfamnar värderingarna.

När det gäller hot mot särarten delar organisationerna erfarenheten av att navigera mellan offentliga samarbeten och ideellt oberoende. Ekonomisk hållbarhet nämns av flera som en utmaning – beroende av gåvor, bidrag eller offentliga medel kan påverka friheten. Det finns en risk att det offentliga ”tar dem för givna” eller försöker forma dem efter sina egna mål. Alla kämpar de för att behålla sin särart. Även interna spänningar finns, till exempel hur man hanterar nya värderingsfrågor (som HBTQ-diskussionerna inom EH) eller hur man bevarar engagemanget när man växer.

Religionsmöten är en integrerad del av samtliga organisationers vardag. Alla fyra är sprungna ur kristen mylla och samarbetar med kyrkor, men verkar i ett pluralistiskt samhälle. Några ledare beskriver hur muslimska kollegor och deltagare finner sig hemma i kyrkans miljö (till exempel HTB, som välkomnar bedjande muslimer), hur andakter och bön hanteras med frivillighet och respekt (så i EH:s butiker, HM:s enheter samt GR:s samlingar), och hur civilsamhällets religiösa aktörer tillsammans utgör en positiv kraft. Religion framträder i analysen inte som konfliktfält, utan som en resurs och mötesplats.

Sammanfattningsvis beskriver ledarna att dessa frikyrkligt förankrade organisationer bidrar med holistiska, relationsbyggande och långsiktiga insatser i välfärden. Genom sin dubbla identitet – de är både en del av civilsamhällets ideella kraft och en samarbetspartner till det offentliga – kan de nå grupper och skapa mervärden som annars gått förlorade. De navigerar en samtid där deras kristna identitet ibland ifrågasätts eller måste omtolkas, men ofta beskrivs som en resurs.

I nästa, fördjupande kapitel kommer resultatet att analyseras ur ett teoretiskt perspektiv. Där kopplas ledarnas erfarenheter till tidigare forskning och teorier om civilsamhällets roll, religionsmöten och välfärdens utveckling.

DISKUSSION

Studiens resultat tecknar en bild av frikyrklig diakoni i förändring. I detta avsnitt diskuteras fynden i relation till tidigare forskning och teoretiska perspektiv, strukturerat kring de fyra forskningsfrågorna: (1) Hur beskriver ledarna organisationens *bidrag till samhället*? (2) Hur beskriver ledarna organisationens *identitet* och bevarandet av denna? (3) Vilka *hot* identifierar ledarna mot organisationens möjlighet att behålla sin särart? (4) Hur beskriver ledarna *religionsmöten* inom organisationens verksamhet?

BIDRAG TILL SAMHÄLLET

RELATIONEN TILL DET OFFENTLIGA

Materialet visar tydligt att de frikyrkliga organisationerna bidrar till samhället, men att de gör det på olika sätt som speglar civilsamhällets omvandling i stort. Vissa organisationer "krokar arm" med den offentliga välfärdsproduktionen, medan andra intar en mer självständig eller rentav kritisk hållning. De skiljer sig även åt när det kommer till hur nära respektive självständiga de är i relation till lokala församlingar (se Figur 1 nedan).

Materialet visar att Erikshjälpen är den av organisationerna som befinner sig längst bort från de lokala församlingarna när det kommer till deras nationella arbete (lokalt drivs dock många butiker av eller i nära anslutning till församlingar). Här nämner ledarna att det även skett en förändring på det lokala planet. Från att tidigare alltid haft starka kopplingar till lokala församlingar när de startade upp second hand-verksamheter satsar EH i dag alltmer på framtidsverkstäder där andra faktorer än kopplingen till en lokal församlingen blir avgörande för etableringen på en plats. Den av organisationerna som befinner sig närmast de lokala församlingarna är Hyllie Park Talentbyrå som vuxit fram ur Skillinge Missionshus diakonala verksamhet, men som står i en förändringsprocess då de under en kort period utökat sin verksamhet och även utför tjänster för arbetsförmedlingen och därmed arbetar utifrån andra utgångspunkter än det som är den lokala församlingens idégrund. Göteborgs Räddningsmission och Hela Människan har båda tydliga kopplingar till lokala församlingar samtidigt som de utövar ett stort mått av självständighet. Den stora skillnaden mellan GM och HM finns i synen på prioriteringar. Här uttrycker HM att det finns ett behov av diakonala organisationer som erbjuder något annat än det som stat och marknad primerar. För HM är det viktigt att finnas kvar och försvara människovärdet hos "hopplösa fall" i stället för att starta nya projekt där både stat och marknad är mer benägna att skjuta till pengar.

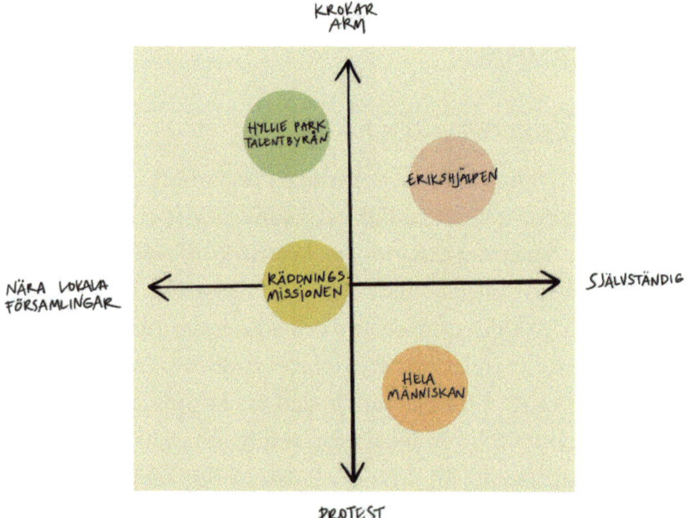

Figur 1: *Fyra (fri)kyrkliga diakonala organisationer, illustration Ellen Vingren, publicerad med tillstånd från Studio V*

När det kommer till relationen till det offentliga är HTB den av organisationerna som allra tydligast krokar arm med det offentliga då deras verksamhet handlar om att utföra en tjänst åt arbetsförmedlingen. Längst bort från HTB finns, som redan nämnts, HM, som tydligt uttrycker en kritik mot det offentligas krav om att alla människor ska utvecklas till produktiva samhällsmedborgare genom att komma in på arbetsmarknaden.

Ett sätt att ytterligare fördjupa förståelsen av de fyra idealtyper som framträtt i den empiriska analysen – *kroka arm*, *protest*, *nära församlingar* och *självständiga* – är att låta dem tala med Stig Lindes modell över välfärdslogiker.[59] Lindes fyra logiker (kompensatorisk logik, rättighetsbaserad logik, marknadsorienterad logik och investeringslogik, se Tabell 1) erbjuder inte färdiga kategorier som organisationerna enkelt placeras i, men de fungerar som analytiska raster för att belysa hur olika organisationsideal navigerar sin roll i välfärdslandskapet.

VÄLFÄRDSSTATLIGA PRINCIPER	VÄLFÄRDSPLURALISTISKA PRINCIPER
Välfärd som *kompensatoriska insatser* vid bristsituationer	Välfärdstjänster som valbart utbud på en *marknad*
Välfärd grundad på *medborgerliga rättigheter* och skyldigheter	*Investeringar* i effektfulla välfärdsinsatser

Tabell 1: *Två slags välfärdsprinciper och fyra logiker*

Det ideal jag benämnt *kroka arm* – tydligt uttryckt av exempelvis EH – präglas av en vilja till samverkan med offentliga aktörer utan att förlora sin idéburna särart. Denna hållning bär drag av både den kompensatoriska logiken och en rättighetsbaserad logik (genom opinionsbildning för barns rättigheter och inkludering). Att ”kroka arm” innebär alltså inte att underordna sig staten, utan att samverka från en position av självständig idéburen identitet. I kontrast till detta framträder idealtypen *protest* – som betonas av HM – där organisationen intar en mer kritisk hållning till kraven från offentlig sektor, särskilt kring produktivitetsnormer och nyt-

[59] Linde, ”Välfärdsstat”.

tomätbarhet. Här finns ett medvetet avståndstagande från logiker som styrs av marknadsprinciper eller strikt resultatuppföljning, vilket kan tolkas som en strävan att värna en särskild idéburen kunskapslogik, i linje med Morten Sagers kritik mot evidensbaserad praktik.[60]

De två övriga idealtyperna – *nära församlingar* och *självständiga* – kan i sin tur relateras till graden av närhet till lokala församlingar respektive stat. Det är anmärkningsvärt att det är HTB, trots sin företagsform, som har den tydligaste kopplingen till en lokal församling, då ägandet delas mellan Hyllie Park Folkhögskola och församlingen Skillinge missionshus. Här kombineras en marknadslogik – genom deltagande i Arbetsförmedlingens tjänsteupphandlingar – med ett djupt idéburet engagemang som vilar i en tydlig kyrklig miljö. Relativt nära kyrkan står GR, där de lokala församlingarna fungerar som huvudmän, vilket skapar en stark koppling till lokalt kyrkligt liv, även om verksamheten i sig är professionellt driven. HM har, å sin sida, en mer fristående nationell struktur, men på lokal nivå är man ofta direkt förankrad i lokala församlingar, vilket ger en dubbel karaktär – både ett ekumeniskt riksorgan med viss självständighet och en närhet till lokala församlingar i det lokala arbetet. EH, slutligen, har en historisk förankring i frikyrkligheten men har utvecklats till en fristående aktör, där vissa enheter samverkar med lokala församlingar medan andra saknar koppling till kyrka.

När dessa två analysnivåer läggs ovanpå varandra – idealtyperna från det empiriska materialet och Lindes teoretiska logiker – blir det tydligt att frikyrklig diakoni i samtiden inte ryms inom ett enda fack. Det som framträder är en mångfald av strategier och självförståelser, där aktörerna rör sig mellan logiker, och till och med kombinerar dem i kreativa hybridformer.

Materialet visar att ett viktigt bidrag som de diakonala organisationerna tillför samhället är att vara något annat än både stat och marknad. I intervjun med HM menar ledaren att de personer som kommer till HM:s verksamheter för utsatta människor förmodligen inte skulle komma dit

---

[60] Sager, "Idéburen välfärd".

om HM blev mer professionellt och därmed blev ett alternativ till den offentliga välfärden. Ett annat exempel är hur EH menar att det finns ett mervärde när idéburna organisationer erbjuder arbetsträning. På EH är alla medarbetare, oavsett vad man har bakom sig. Den som är där för att arbetsträna kan få vara med och hjälpa någon annan. Det menar EH skapar mening. Även inom logiken av att bedriva välfärd som en valbar tjänst på en marknad, som HTB och GR befinner sig i, beskrivs det idéburna ha ett mervärde grundat i sin särart.

I materialet framkommer även att det sker ett ekonomiskt mervärde när det idéburna träder in och utför det som är samhällets ansvar till en betydligt lägre kostnad.

ETT MÅNGFACETTERAT CIVILSAMHÄLLE

De undersökta organisationerna placerar sig olika i relation till församlingar, marknad och offentliga organ. Även detta begränsade studium visar alltså på den mångfald som finns inom civilsamhället. Det finns inget skäl att värdera någon av organisationerna som bättre än de andra utan studien visar snarare på vikten av att civilsamhället rymmer en mångfald av uttryck. Samtidigt understryker studien vikten av att organisationerna utvecklar en ständigt pågående och oavslutad diskussion som möjliggör analys av de risker och möjligheter som följer med olika positioneringar, och som därigenom skapar förutsättningar för medvetna och strategiska val kring sin roll i välfärdslandskapet. Vidare blir det avgörande att myndigheter respekterar mångfalden. I stället för att uppställa villkor som likriktar aktörer i civilsamhället bör de värna om och bidra till ett rikt civilsamhälle som rymmer många olika uttryck.

IDENTITET

Resultatet visar att samtliga organisationer arbetar aktivt med sin självförståelse, i linje med Olof Brunninges teori om organisatorisk självförståelse som ett sätt att skapa kontinuitet i förändring.[61] Denna undersökning ger därmed stöd åt tidigare forskning som hävdar att reflektion över den egna identiteten är avgörande för den som vill bidra till samhällets välfärd.[62] Paul Lichterman menar att detta kräver praktiker och en kultur som ger utrymme för reflektion, både över den egna rollen och över den kontext man befinner sig i, för att som idéburen aktör kunna göra skillnad i samhället. Ska en organisation kunna göra någon skillnad mot marknad och stat måste relationerna bli medvetna så att man kan reflektera över dem. Han menar även att det krävs tillräcklig öppenhet för att inte på förhand ”veta” vad andra målgrupper tänker och behöver. Civilsamhällets aktörer bör utföra sina tjänster i samverkan med de grupper som de riktar sig till så att det bemyndigar och ger röst åt dem. Verksamheten bör inte bara bedrivas *för* utan *tillsammans med* de som är målgrupp för olika verksamheter. Sker inte ett sådant ”brobyggande” riskerar civilsamhällets aktörer enbart bli en välfärdsförmedlare av ett redan på förhand givet innehåll. Lichterman menar att detta kräver en villighet till självprövning av de egna utgångspunkterna.

En aspekt som framträder i materialet är att de fyra organisationerna skiljer sig åt när det gäller praktiker för att bearbeta och samtala om sin identitet. Samtliga uttrycker en stark förankring i en kristen människosyn, men i vilken grad denna identitet blir föremål för regelbunden reflektion och konkret vägledning i det dagliga arbetet varierar.

I flera fall framträder en tydlig medvetenhet om organisationens historiska rötter och grundvärderingar,[63] men det framkommer också att möjligheter till gemensam, kontinuerlig reflektion över hur dessa värden ska förstås och tillämpas i en nutida kontext är begränsade. Detta gäller även för vissa av organisationerna som står nära församlingsmiljöer – närheten till kyrka innebär inte per automatik att det finns strukturer eller forum för värdegrundsreflektion. Det visar sig till exempel i Hyllie

---

[61] Brunninge, *Organisational Self-Understanding*.

[62] Linde, ”Välfärdsstat”; Lichterman, *Elusive Togetherness*; Sirris, ”Institutional Complexity”.

[63] Enligt Brunninge, *Organisational Self-Understanding*, är historisk medvetenhet avgörande för organisatorisk självreflektion.

Park Talentbyrån, där den kyrkliga närvaron finns i form av ägande och sammanhang, men där det i intervjumaterialet inte synliggörs några särskilda former för samtal eller bearbetning av organisationens identitet i praktiken. Detta kan tolkas som en blind fläck som skulle kunna bli en utmaning när verksamheten växer: närheten till kyrkan tas för given, och därmed saknas en kritisk bearbetning av hur värdegrunden faktiskt formas, förmedlas och utvecklas i verksamheten.

I kontrast till detta visar Göteborgs Räddningsmission exempel på ett mer systematiskt och artikulerat värdegrundsarbete. Organisationen har under senare år tagit fram ett ”värdegrundsträd”, där tron på en treenig Gud utgör rötterna och där olika etiska och organisatoriska uttryck växer fram som frukter. Ledarna berättar hur detta träd fungerar som ett redskap för samtal, förankring och vägledning i vardagen. I ledarnas berättelser framträder också en vilja att skapa en arbetskultur där det är tillåtet att samtala om tro, mening och värderingar i teamet.

Samtidigt finns även andra former av reflektion som tar sig uttryck i mer vardagsnära hållningar. Hela Människan uttrycker till exempel en stark medvetenhet om vikten av att inte låta det offentliga styra hur man möter människor. Genom att betona vikten av att arbeta *med* snarare än *för*, sätter man relationerna – snarare än resultatet – i centrum. Det är inte alltid ett formulerat värdegrundsdokument som bär arbetet, utan en praktisk hållning av respekt, öppenhet och närvaro, som i sig utgör en reflekterande praktik. Denna hållning påminner om Lichtermans förståelse av civilsamhällets etiska kraft. Det handlar inte bara om vad man gör, utan hur man tänker kring sin roll, sina relationer och det sammanhang man verkar i.

Sammantaget visar analysen att det krävs tydliga praktiker för hur ett värdegrundsarbete bedrivs i en verksamhet. Sådana praktiker kan inte reduceras till att formulera huvudmäns värdegrund i några satser. Det måste inkludera praktiker för hur värdegrund uppehålls och fördjupas i en organisation samt ha en reflekterande öppenhet inför det som händer i mötet med människor som berörs av verksamheten (praktiker för ”brobyggande”). Detta förutsätter också en teologisk kompetens för att kunna bevara sin identitet som diakonal organisation. För att kunna förstå organisationens övertygelse och ha en öppenhet inför nya perspektiv krävs ledare med en teologisk blick och kompetens. I intervjuerna framkommer att ledarna är mycket kompetenta när det kommer till diakoni, socialt arbete och civilsamhällesfrågor, men för att som idéburen aktör kunna gå i dialog med den kontext man befinner sig i, och för att göra skillnad gentemot stat och marknad, krävs ledare som besitter teologisk kompetens.

HOT

YTTRE OCH INRE HOT

De hot mot särarten som framkommer i materialet är både ”yttre” och ”inre”. Ett tydligt yttre hot som kommer fram är det offentligas ombytlighet beroende på personkontakter. Som ett exempel beskriver Göteborgs Räddningsmission att de slutat att gå in i upphandlade avtal som enbart gäller för en kort period. Här kan frågan ställas om detta innebär brister i en rättssäker myndighetsförvaltning som kanske borde uppmärksammas mer?

Ett annat hot i materialet är den potentiella spänning som finns mellan offentlig finansiering och ekonomisk vinst å ena sidan och organisationens egen ideologiska särart å andra sidan. Den norske forskaren Stephen Sirris menar att för idéburna organisationer betyder marknadslogiken en ”faustiansk pakt” där organisationer kan förlora sin identitet i utbyte mot pengar, inflytande och möjligheten att leverera fler tjänster.[64] För att kunna bevara sin särart menar Sirris att det är avgörande att de idéburna organisationerna har icke-förhandlingsbara värderingar. Dessutom kan det vara en kronisk del av organisationens liv att det finns en viss typ av förvirring över den egna identiteten. Med en medvetenhet om icke-

[64] Sirris, ”Institutional Complexity”, 63.

förhandlingsbara idéer kan dock denna ”förvirring” generera ett positivt värdegrundsarbete.

I materialet är det tydligt att de olika organisationerna reflekterar olika mycket kring vad som inte är förhandlingsbart och de är även olika mycket medvetna kring den ”faustianska pakten”. Vi ser även att de väljer olika vägar.

KUNSKAPSLOGIK

Ett genomgående fynd i studien är spänningen mellan hur ledarna *vet* och *värderar* vad som är ett gott resultat av deras arbete, och hur omvärlden – särskilt offentliga finansiärer – förväntar sig att arbetet ska utföras och resultat uppvisas. Ledarnas beskrivningar antyder att deras syn på kunskap och effekt bottnar i organisationernas värdegrund och närhet till verksamheten, vilket påminner om det partikularistiska perspektiv som Sager beskriver.[65]

I intervjuerna framhäver exempelvis Erikshjälpens ledare det man kallar ett brett helhetsperspektiv i arbetet – att hjälpa hela familjer och angripa sociala problem ur flera vinklar, i stället för att begränsas av snäva kategorier såsom de ofta är uppdelade i offentlig sektor.[66] Detta betraktar de som sin styrka och en central del av organisationens arbetssätt. Samtidigt nämns att just denna breda ansats ibland är ”ett problem” i kontakten med kommunen, som är van vid mer uppdelade insatser. Kollisionen illustrerar skillnaden mellan två logiker: den idéburna organisationens kontextuella, behovsorienterade kunskap å ena sidan, och välfärdssystemets standardiserade sätt att utföra och mäta insatser å andra sidan. På liknande sätt uttrycker Hela Människan en kritik mot offentliga krav som de menar har en alltför ensidig syn på människovärdet – att alla måste bli produktiva samhällsmedborgare genom jobb. Här betonar HM att de

---

[65] Denna studie har inte haft som uttalat syfte att undersöka kunskapslogiker eller evidensbeprövad praktik (EBP). Utifrån de teman som kom fram i analysen av materialet är det ändå relevant att relatera studiens resultat till Sagers perspektiv om de idéburna organisationernas partikularistiska kunskapssyn som ofta skiljer sig från EBP (Sager, ”Idéburen välfärd”).

[66] Det holistiska perspektivet nämns på olika sätt av samtliga organisationer.

värdesätter även de människor som kanske aldrig kommer in på arbetsmarknaden, och ser det som sin uppgift att finnas där för dem. Detta synsätt bygger på en kunskap om målgruppens livssituation och ett etiskt ställningstagande som inte enkelt låter sig mätas. Återigen framträder kontrasten mellan det offentligas generella normer (självförsörjning som mått på framgång) kontra den partikulära insikt som idéburna organisationer har i möten med enskilda människor på en specifik plats (människovärde oberoende av prestation).

Ledarna i studien tycks medvetna om denna spänning och har utvecklat sätt att navigera den. Flera betonar den långa tidshorisonten och de relationella aspekterna i sitt arbete som något värdefullt, även om sådana resultat är svåra att mäta. Till exempel beskrivs hur volontärinsatser och personliga möten kan leda till förtroende och små steg av förändring hos individer – framsteg som kanske inte ryms i en projektrapport men som på sikt gör stor skillnad. Denna fruktsamma men svårmätbara kunskap som byggs i idéburna miljöer kan kanske vara exempel på det Sager argumenterar bör erkännas i en post-EBP-logik. Rapporten ger stöd för att en sådan breddad kunskapssyn är nödvändig: organisationernas erfarenheter visar att strikt standardiserade utvärderingskriterier riskerar att missa kärnan i vad som gör deras arbete effektivt.

Samtidigt anpassar sig organisationerna delvis till den dominerande kunskapslogiken. GR betonar exempelvis att man är en professionell organisation med rötterna i kyrkan – ett medvetet identitetsbygge som signalerar kompetens och struktur gentemot omvärlden, utan att ge avkall på det ideella arvet. Ledarna där reflekterar över spänningen i att vara både ”professionell” och ”organisk” och ”lättrörlig” – de vill behålla församlingens hjärta (spontanitet och personligt engagemang) samtidigt som de uppfyller krav på kvalitet. Denna sorts dubbel kompetens är en tillgång. Den gör att organisationerna kan tala två språk.

RELIGIONSMÖTEN

Undersökningen har syftat till att också se på religionens plats i dessa verksamheter. Även om undersökningen studerat kristna aktörer visar det sig ske många religionsmöten inom dessa verksamheter. Flera av ledarna uttrycker en medvetenhet om att de sitter på ett slags religiös kompetens och förtrogenhet med levd tro som är viktig för människor från andra kulturer/religioner. Den kristna tron fjärmar dem inte från andra religiösa människor utan blir snarare en kontaktpunkt som skapar förtroende och igenkänning.

Mot denna bakgrund kan ledarnas självförståelse förstås i ljuset av Luke Brethertons teoretiska perspektiv. Ledarna beskriver hur organisationerna påtagligt, men i olika grad, manifesterar de praktiker som Bretherton betonar – lyssnande, gästfrihet, platsbundenhet och institutionellt byggande. Bretherton menar att interreligiös samverkan bör förstås som en civilsamhällelig praktik för det gemensamma bästa, där lyhördhet och dialog motverkar misstro, lokal förankring möjliggör långsiktiga relationer, och uppbyggnad av institutioner skapar motståndskraftiga gemenskaper som balanserar statens och marknadens makt.

I analysen framkommer flera exempel på hur organisationernas vardag genomsyras av just detta. Lyssnandets och gästfrihetens praktik tar sig uttryck i att man medvetet skapar inkluderande miljöer där olika religioner och livsåskådningar bemöts med respekt. Personal vid Hyllie Park Talentbyrå betonar till exempel stoltheten över att ”här jobbar vi sida vid sida … respekterar varandra, lyssnar på varandra och försöker förstå varandra” – något de framhåller som ”viktigt i vår tid”. En av de kristna ledarna i HTB beskriver också hur muslimska medarbetares bönepraktiker lett till ett lärande: ”Det var inte självklart för mig från början … men jag blev medveten om behovet och att ge den tiden.” Här ser ledarna en möjlighet att fungera som förebilder för andra arbetsgivare genom att ”visa hur man kan göra”.

Den platsbundenhet Bretherton talar om avspeglas i att verksamheterna är djupt förankrade i sina kontexter och bygger relationer över religionsgränser för det gemensamma bästa. Ett talande exempel är Göteborgs Räddningsmission där det finns en stor medvetenhet bland ledarna om religionspluralism och vilken roll de önskar att GR och lokala församlingar kan ha i möten med andra religioner. Ledarna menar att GR tillsammans med kyrkor har ett särskilt uppdrag att stötta muslimer i Sverige. Det här tar sig bland annat uttryck i att ledarna under intervjun samtalade om att de ville ta över en nedläggningshotad muslimsk friskola och driva den som en icke-konfesionell skola på kristen grund (sedan våren 2023 driver GR communityskolan Gårdsten som en icke-konfessionell F-9-skola).

Ett annat exempel är Erikshjälpens beskrivning av händelsen i Råslätt 2022, där kyrkorna tillsammans med den lokala moskén gick ihop för att mana till lugn och sammanhållning när sociala spänningar uppstod. Detta lyfts fram av en ledare som ett positivt religionsmöte där kristna och muslimer agerade samfällt för det allmänna bästa. Sådana initiativ pekar mot institutionellt byggande i Brethertons mening – skapandet av gemensamma arenor och hållfasta samarbeten (som till exempel second handbutiker, skolor, öppna mötesplatser och integrationsprojekt) som utgör mötesplatser i civilsamhället mellan individ, marknad och offentliga aktörer. Dessa organisationer utgör stabila nätverk där tro och samhällsengagemang förenas, vilket överensstämmer med Brethertons syn på religion som en konkret aktör i utformningen av demokratiska gemenskaper.

Därtill bekräftar analysen de tre frestelser som Bretherton identifierar i det nutida landskapet. Den första frestelsen – risken att religiösa aktörer blir kapade av staten och därmed används som ett verktyg helt underordnad statens behov och krav – diskuterades i avsnittet om identitet ovan.

Den andra frestelsen är kommunalism, där religiösa grupper omformar sig själva inom ramen för identitetspolitik eller multikulturalism, vilket riskerar att underminera traditionernas trosmässiga integritet genom att anpassa dem till externa, sekulära diskurser om rättigheter och erkännande. Bretherton menar att denna frestelse medför två risker: (1) det religiösa ”andra” framstår som en rival snarare än en dialogpartner, och (2) de olika traditionerna förlorar sitt djup när de reduceras till en gemensam rättighetsdiskurs. Analysen tyder särskilt på det senare – när rättigheter blir det dominerande språket ökar visserligen den offentliga acceptansen, men det väcker frågan om det då finns utrymme kvar för verkliga skillnader i trosföreställningar.

Den tredje frestelsen är att låta marknaden ”konstruera” religionen som en konsumtionsvara. I materialet framträder två utvecklingslinjer som tycks illustrera denna utmaning. För det första beskriver ledarna en utmaning kopplat till marknadsberoende välfärdsuppdrag. Inte minst i de verksamheter som finansieras via upphandlingar eller tidsbegränsade projekt anas en spänning mellan ekonomiska incitament och den egentliga diakonala drivkraften, vilket diskuteras under avsnittet om hot ovan. För det andra visar analysen att flera av organisationerna påverkas av butiks- och second hand-logiken. Ledarna beskriver hur butikerna genererar betydande intäkter (detta gäller framför allt för EH) och ger sociala bieffekter (arbetsträning, gemenskap). Samtidig kan man fråga sig om det finns en risk att butikslogiken, som förmodligen gör verksamheten lättbegriplig för konsumenten, också riskerar att reducera religion till främst ett varumärkesattribut snarare än en formande praktik. Bretherton anknyter här till Karl Polanyis analys av hur oreglerade marknader omvandlar människor och platser till utbytbara varor. Bretherton menar dock inte att marknaden måste förkastas, men att den måste ”veta sin plats”.

I ljuset av Brethertons teoretiska perspektiv visar analysen att när organisationerna aktivt motstår dessa frestelser, öppnar de upp för det handlingsutrymme som krävs för den pluralistiska politik för det gemensamma livet som Bretherton förespråkar. Flera exempel i materialet visar hur diakonal praktik kan fostra *ömsesidig gästfrihet*. Här finns ett stort behov att teologiskt reflektera vidare kring sådana praktiker för religionsmöte som både tar religiösa gruppers egen tro på allvar men som samtidigt öppnar för gemensamt arbete för ett bättre samhälle.

Avslutningsvis ger denna studium stöd till de forskare som menar att Sverige kan betecknas som ett postkristet land. I aktörernas berättelser om kontakter med myndigheterna framkommer det aldrig någon tanke från det offentligas sida om att de diakonala, kristna organisationerna uttrycker det svenska samhällets värdegrund. Religion och här specifikt kristendomen kan ibland rent av ses som något problematiskt vilket märks när myndigheter vill tona ned det ”kristna” i samverkan med organisationerna. ”Kristet” ses inte längre som uttryck för det gemensamma som binder samman människor i Sverige. Samtidigt kan de religiösa aktörerna också betraktas som en tillgång vilket inte minst blir synligt genom Idéburet offentligt partnerskap (IOP). Denna oklarhet kring religion utmanar myndigheter till en större förståelse för dessa aktörer för att både ge utrymme för aktörernas särart samtidigt som de utvecklar kompetens att dra skiljelinje mot aktörer som inte önskar bidra till det gemensamma goda i samhället.

SLUTSATSER

NYA DIAKONALA PERSPEKTIV

De viktigaste slutsatserna och iakttagelserna från studien beskrivs i kapitlet ovan. Men studien har också syftat till att påvisa viktiga områden som är relevanta för vidare forskning. Detta sista kapitel önskar summera studien med att visa på några sådana avgörande frågeställningar som vuxit fram genom studiet och där det i stort saknas svensk forskning.

För det första behöver frågan om vad organisationerna kan erbjuda som inte samhället erbjuder kopplas samman med frågan om vad det goda samhället är. De idéburna rörelserna drivs av olika övertygelser kring vad som är ett gott liv och vad som kan bidra till detta. Sådana övertygelser går utöver det som offentliga aktörer kan uttala i sin strävan att upprätthålla välfärd för alla. Samtidigt finns en allt större medvetenhet om att det behövs en mer holistisk förståelse av hälsa och välfärd som inkluderar existentiella dimensioner. Detta leder till en rad frågor. Vilket håll vill organisationerna röra samhället åt och vilka människor vill de "forma"? Hur kan olika organisationers egenart bidra till ett gemensamt gott som inte splittrar och polariserar grupper från varandra?

Ett område där dessa frågor tydligt aktualiseras i studiet är synen på arbetet. Flera av organisationerna ser det som en huvuduppgift att stödja personer som av olika anledningar står utanför arbetsmarknaden att få ett lönearbete. Erikshjälpen ser också som en av sina viktigaste uppgifter att själva kunna erbjuda alla meningsfullt arbete även när det inte handlar om traditionellt lönearbete. När de betonar att alla ska se sig som medarbetare vidgar och utmanar det en snävare förståelse av arbete som lönearbete. Framför allt Hela Människan intar en kritisk röst till den roll som lönearbetet idag spelar för människors värde och plats i samhället. Åter ser vi det inte som fruktbart att välja den ena eller andra positionen. Däremot visar de olika förhållningssätten till lönearbete på behovet av fördjupat samtal kring vad är det goda livet som aktörer i civilsamhället vill bidra till.

För det andra skulle relationen mellan de diakonala organisationerna och lokala församlingar behöva undersökas vidare. Detta blir speciellt relevant i relation till en frikyrklig kontext då merparten av studier i Sverige kring diakoni bedrivits utifrån en svenskkyrklig kontext. Oftast lyfts frikyrkans betoning på frivilligt engagemang och entreprenöranda fram som ett stort mervärde. Men vad händer med ett kristet motiverat engagemang när det kanaliseras i organisationer som står relativt fria i relation till lokala församlingar? Och om utrymmet för idéburna verksamheter kommer att öka i framtiden blir frågan hur det påverkar de lokala församlingarna förståelse av sin egen identitet. Hur ska relationen förstås mellan den lokala församlingen som en diakonal gemenskap och diakonala aktörer i civilsamhället? Här tycks det finnas ett behov att skriva fram en tydligare diakonins teologi för den lokala församlingen och för den mångfald av aktörer som redan finns i civilsamhället. Om inte dessa relationer och samspel finns och fördjupas riskerar idéburna aktörer förlora sin förankring i folkrörelser och deras engagemang och därmed kanske även den egenart som motiverar att de finns. Och hur ska församlingar ta vara på möjligheter i civilsamhället så att det fördjupar och inte utarmar det egna ansvaret och övertygelsen.

För det tredje har studien visat att en avgörande fråga är om och hur organisationerna uppehåller det idéburna. Hur sådana processer sker internt i rörelserna behöver beforskas vidare. Denna studie visar på ett antal sådana exempel men mycket mer kan göras för att se vilka praktiker som i olika sammanhang är viktiga för att kontinuerligt fördjupa och utveckla idégrunden. Det blir också viktigt att undersöka praktiker för ”brobyggande” som tar på allvar perspektiv från de som berörs av verksamheter (diakoni *med* inte *för*). Inte minst blir det viktigt att reflektera kring hur ett sådant brobyggande kan formas i mötet mellan olika religiösa grupper som både respekterar varandras olikheterna och samtidigt bidrar till gemensam handling. Vidare, skapas denna kultur främst nerifrån från lokala verksamheter eller ska det styras genom medveten strategi uppifrån? Vi konstaterar att det ser olika ut i olika organisationer och här skulle vidare forskning behöva göras. Som konstaterades ovan kräver sådana processer teologisk kompetens som både kan den egna rörelsens övertygelser och historia och samtidigt är trygg med att relatera och ta på allvar nya synpunkter. Hur ett sådant ledarskap ser ut blir därmed en annan viktig forskningsfråga.

En fjärde fråga att forska vidare på är frågan om ekumenik och diakoni. Flera av organisationerna är intressanta exempel på socialt arbete som har en bred ekumenisk bas. Det verkar tydligt att diakoni har en viktig ekumenisk potential (eller är det rent av den viktigaste?). Här skulle det behövas mer forskning kring hur aktörer i civilsamhället uttrycker och kanaliserar församlingars sociala engagemang som har en bredare grund än den egna kyrkan. Leder det till en utslätning av den egna idégrunden eller kan ekumeniska relationer skärpa det som är centralt och bärande i en diakonal verksamhet? Åter kan det konstateras att även sådan reflektion förutsätter praktiker där detta kan ske och en teologisk kompetens som kan klargöra vad som sker i dessa processer.

AVSLUTNINGSVIS

Intervjuerna med ledare från fyra aktörer i civilsamhället visar på en idérikedom och handlingskraft som är imponerande. Samtalen har bekräftat att här pågår något som är viktigt och centralt för samhället. Det är samtidigt verksamheter som är i stor förändring och expansion. Undersökningen har kanske ställt fler frågor än gett tydliga svar. Men förhoppningsvis kan detta vara med att uppmuntra till fördjupning och fortsatt forskning på denna typ av verksamheter som i förlängningen kan bidra till ett gott samhälle.

BILAGA 1

OMFÖRHANDLING PÅGÅR: FRÅGEGUIDE FÖR FOKUSGRUPPER HÖSTEN 2022

Tid: Vi har planerat för 110 minuter med 30 minuters buffert

INLEDNING (15 MIN)

- Introduktion med information om upplägg, metod och informerat samtycke. (Intervjupersonerna har tidigare fått skriftlig information om projektet.) Blanketten om informerat samtycke samlas in från samtliga intervjupersoner.
- Presentationsrunda: Namn och arbetsuppgifter i organisationen
- Spelregler
- Inspelningen sätts på

ÖPPNINGSFRÅGOR (10 MIN)

- Beskriv ditt engagemang i ##. Hur ser det ut?

INTRODUKTIONSFRÅGOR (10 MIN)

- Kan du ge exempel från din organisation där ni samarbetar med andra aktörer i samhället?
  - Hur ser samarbetet ut?

ÖVERGÅNGSFRÅGOR (10 MIN)

- På vilka områden tänker du att det är viktigt att påverka samhället?

- Kan du ge exempel på samhällsengagemang i ## som du ser som viktigt?

NYCKELFRÅGOR (65 MIN)

- Hur ser kopplingen till frikyrkan/församlingar ut i din organisation?
  - Vad tänker du att frikyrkoförsamlingar bidrar med in i din organisation?
  - Vad tänker du att frikyrklig teologi/tro bidrar med in i din organisation?
  - Hur tänker du att din organisation bidrar in i lokala församlingar?
  - Har du erfarenheter av att den frikyrkliga kopplingen varit en belastning för organisationen? I så fall hur?
- Har du upplevt någon förändring under dit tid i ## när det kommer till relation mellan ## och frikyrkan?
- Vad är viktigt för dig i ditt engagemang i ##?
  - Vad motiverar dig i ditt engagemang?
  - Vilken roll spelar teologi och tro för din motivation?
  - Vad drömmer du om för ##?
- Vad har du för erfarenheter av offentligt finansierad verksamhet?
  - Vad är fördelarna med offentligt finansierad verksamhet?
  - Ser du några risker med offentligt finansierad verksamhet? Vilka?
  - Har du upplevt spänningar inom organisationen kopplade till offentligt finansierad verksamhet?
- Vad tänker du kännetecknar din organisations identitet?
  - Vad tänker du skiljer din organisation från liknande aktörer?
  - Vilken roll spelar kopplingen till frikyrkan/frikyrkoförsamlingar för din organisations särart?
  - Vilka personer i verksamheten är viktiga för att uppehålla organisationens identitet? (frivilliga, anställda, ledare, styrelse ...)
  - Finns det exempel från din organisation där ledare agerat för att uppehålla identiteten?
  - Har du stött på några svåra avvägningar eller andra utmaningar när det gäller organisationens identitet i mötet med andra aktörer?

- Har du erfarenheter av möten eller samarbeten med människor och organisationer från en annan religiös tradition?
  - Kan du ge exempel på religionsmöten i er verksamhet?
  - Vad tänker du kännetecknar din organisation i möten och samverkan med människor från en annan religiös tradition?
    - Kan du se en förändring i organisations agerande i möten med människor från en annan religiös tradition?
  - Har du erfarenheter av konflikter/spänningar kopplade till religionsmöten?
- Kan du beskriva det eller de olika mål som din verksamhet strävar mot?
  - Har du upplevt spänningar eller konflikter mellan olika typer av mål i organisationen?
    - Kan du beskriva en typisk spänning mellan olika mål i er organisation.
  - Hur har du (ledare) agerat i sådana typer av konflikter mellan olika mål?
- Om du skulle övertyga en politiker om vikten av socialt arbete med kopplingar till frikyrkan, vad skulle du säga då?

AVSLUTNINGSFRÅGOR

- Vad var det viktigaste vi pratade om i dag? (aha-upplevelse, ögonöppnare)
- Är det något som inte sagts som skulle behöva sägas?

MIX

Papper från
ansvarsfulla källor
Paper from
responsible sources

FSC® C105338